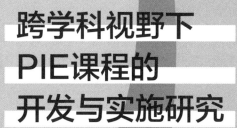

跨学科视野下
PIE课程的
开发与实施研究

倪 婕◎著

上海三联书店

目　录

前言："PIE 课程"，创造无限可能！

如何培养能够面向未来世界的时代新人？随着新一代人工智能的出现，学校教育的空间环境、育人理念、培养目标以及"教"和"学"的方式都在发生剧烈变革，儿童的成长环境深刻变化，对学校教育主阵地如何进行人才培养提出了挑战。2022年，《义务教育课程方案和课程标准（2022年版）》正式颁布，强调课程是改革的落脚点，让核心素养落地，为知识运用赋能。松江区泗泾第五小学立足课程改革，以多元学科视角和项目化的课程组织方式，构建了"PIE"跨学科课程，在实践中不断反思与改进，为培养学生的核心素养提供实践智慧，突出跨学科思想方法和探究方式，注重培养学生的创新能力和实践能力，奠基未来，创造无限可能！

松江区泗泾第五小学建校于2018年，是一所公办小学。地处千年古镇泗泾，有着深厚的文化底蕴和便捷的交通枢纽。学校筹建名为仁育小学，故将"仁爱育人"定位为学校的育人理念。"仁爱"是真诚、温暖的教育，旨在通过"德、智、体、美、劳"五育并举的育人目标，培养"品德发展有魅力；学业发展有能力；身心健康有活力；艺术修养有艺力；劳动实践有动力"五育并举、全面发展的现代小公民。基于此，学校以五育课程为领衔，聚焦不同培育主题，形成第一批主推校本特色课程。五育课程聚焦各自主题进行课程开发，而每一个育人主题又指向仁爱育人理念，再次验证课程图谱由内往外课程主题的延展性和由外至内对标办学理念的回关性。其中，《PIE 课程》让学校与教师在课程开发与实施上都跨出了一大步，让教师从换位思考的角度来凸显以学生认知为主的新教学模式。基于学生的经验创造学习情境，整合知识的力量，以问题驱动的形式引领教学。

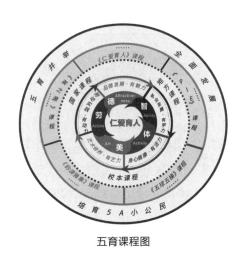

五育课程图

"PIE 课程"是什么？

"PIE 课程"是 Project（项目化）、Inquiry learning（探究性学习）、Experience（学生的经历与实践）三个核心要素英文首字母的缩写。"PIE 课程"更多的是以项目化学习为实施方式，拟建立一种跨学科的、与真实世界有关的、贴近学生生活的、能以问题驱动开展的项目化课程体系。

1. "PIE 课程"的内容和目标

PIE 谐音圆周率 π，意为像 π 的特征一样无限发展下去。旨在通过课程的实践，让学生解决问题的能力和综合素养得以提升，让学生创造无限可能！

学生应具备的、能够适应终身发展和社会发展需要的必备品格和关键能力是中国学生发展核心素养。"PIE 课程"着力于这种必备品格和关键能力的培养。"PIE 课程"分为五大主题：数字与生活、身体与健身、艺术与人文、自然与生物、科学与技术。基本上覆盖义务教育小学阶段所有基础型学科，并重新组合衍生出新的学科能力。通过前期的项目实践，较为集中地指向如下能力：探究技能、技术应用技能、审美技能、思考技能、社交技能、交流技能、自我管理技能。

下表以交流技能为例，展示"PIE 课程"推进过程中各种交流技能的训练与提升。

"PIE"课程中"交流技能"训练方案示例表

能力名称	过程环节	相关内容	交流能力
交流技能	入项活动环节	通过交流，招募相关数量的队员，组建新团队。	初次交流能力
		通过团队交流，制定公约。	交流协调能力
	驱动问题研究	团队分工相关驱动问题背景知识的研究，并进行交流分享。	深度交流能力
	解决问题探索	团队实施尝试问题的解决，并收集信息、记录数据，并交流探索过程。	交流信息能力
	评论与修订成果	交流团队研究成果，并进行修订。	交流评价能力
	出项成果展示	根据成果展示的形式，由个体或群体进行出项成果的交流或展示，并进行团队间的互相点评。	交流分享能力

2. "PIE 课程"的表现形式

PIE 谐音派，是学校课程的另一种派系。每一门基础型课程都是一个派系，如语文、数学等学科，而"PIE 课程"选择合适的主题内容，以驱动性问题将这些课程交融到一起，打破了学科的界限，形成的课程融合的 party。"PIE 课程"关注跨学科核心知识的学习，注重跨学科融合知识的再建。

（1）跨学科核心知识的学习

"PIE 课程"学习指向两门及以上学科核心知识的学习。这些核心知识可以是关键学科概念，也可以是与学生成长、社会发展、世界变迁的密切相关知识。通过跨学科的核心知识，学生发现知识与生活联系、与社会联系、与世界联系。

（2）跨学科融合知识的再建

"PIE 课程"指向学科融合后的知识再构建。知识的再构建最重要的表现是能否在新的情境中迁移、运用、转换产生新知识，并且要体现在行动中，运用周围各种知识和资源来解决实际问题。当学生在新的情境中能否运用以往的经验与知识储备产生出新知识，就意味着迁移和知识再构建的发生。

3. "PIE 课程"的实践原则

PIE 小写同音单词 pie，译为馅饼，是一种西式甜点，深受年轻人的喜爱。"PIE 课程"体系下的各类主题课程，交错纵横但又相互关联。它重视从学生视角与需求选择问题，创新的内容编排与无边界的团队协作让课堂耳目一新，就像 pie 甜点一样，给学生的校园生活增添了一抹甜味。

（1）关注真实问题

"PIE 课程"的学习不是为某一个显性的结果而开展项目，它的项目结果需要来自师生或生生对真实问题与情境的共同探索。真实的问题会带来驱动效应，真实的情境会引发师生情感的共鸣与问题探究的欲望，真实的探索过程会带来师生形成跨学科项目化结晶后的成就感，真实的项目成果也能建立学生与他人、社会乃至世界的真实联系。

"PIE 课程"将学校课程结构根据项目化学习主题的容量进行重构，原有的基础型课程、拓展型课程和探究型课程之间将以学科核心知识连接，通过学科以及跨学科概念交融在一起，课外资源、技术性要求有机地融入到各类主题中。主题群中的各个项目学习活动，均根据主题设计了相应的情境，设置真实的驱动性问题引导各个项目化学习小组开展探究学习，运用各学科的知识、工具和资源进行解决问题，最后将成果进行公开展示、交流或介绍。源于真实的学科问题探索才能形成真正的课程变革的迭代。

（2）聚焦学习融贯能力

"学会学习"是素养的重要特征之一，这要求学习者在自身已有学习和生活经验的基础上，在各种场合下运用知识与技能，不能单一地学习或运用知识点，而是要关注知识点的融合或升级，将知识包裹入高阶学习，在不降低学科学业质量和保证基础类知识与技能不损失的情况下，找到解决项目问题的方法与答案。

PIE 课程所追求的课程素养，不仅告诉学生做什么、怎么做，更注重培养学生结合自身已有知识储备与同伴互助探索的方式，在多次探索"失败"的经历后，获得高阶知识与关键能力。

"PIE 课程"有哪些理论依据？

由研究者们对"跨学科课程"不同角度的定义或解释，可以将"跨学科课程"的本质理解为跨学科课程是一种教育经验，强调打破学科界限，将两个或两个以上不同学科之间的知识相互碰撞、相互补充、有机融合，以系统的思维解决真实问题，建立各学科之间的有机联系。跨学科课程关注知识的建构。建构主义心理学的"学习观"强调"学习者不是被动的信息吸收者，学习不简单是知识由外到内的转移和传递，而是学习者主动地赋予信息以意义，构建自己的知识经验的过程，即通过新经验与原有知识的相互作用，来充实、丰富和改造自己的知识经验。"利用建构主义心理学的理论来构建跨学科课程，可以提供一种以学生为中心的教育体验，鼓励学生通过自主探究和合作学习来获得有意义的知识和提升解决问题的能力。

1. 强调学习方式。建构主义心理学强调"主动建构性"，提倡学生面对新知识或者新问题，要主动激活头脑中的先前知识经验，通过高层次的思维活动，形成新的假设或推论。因此，在 PIE 课程实施中，教师可以利用建构主义心理学的观点，采用更为开放灵活的学习方式，让学生通过个人体验和观察、交流、合作、探究等方式建构知识，从而更加有效地学习跨学科知识和技能。

2. 重视学习情境。建构主义学习观认为知识建构具有情境性的特征。建构主义者提出，知识存在于具体的、情境性的、可感知的活动中。它只有通过实际情境中的应用活动才能真正被人理解。"PIE 课程"的重要特征就是关注真实的学习情境，强调学习与现实生活的紧密联系，引导学生通过真实学习情境的体验，将知识学习与实际问题解决相结合，培养动手实践能力与创造性解决问题的能力。

3. 重视合作学习。建构主义心理学强调"社会互动性"，它认为学习是通过某种对社会文化的参与，内化相关知识和技能，掌握有关工具的过程，这一过程常常需要通过一个学习共同体的合作互动来完成。建构主义理论中的"学习合作共同体"与 PIE 课程中的"合作学习"意义相似。在 PIE 课程学习中，同样强调学生之间的合作、协调和交流，促进学生之间的知识共享和协作，从而更好地发展跨学科的思维方式，提高合作探究能力和沟通协调能力。

综上所述，建构主义心理学对于"PIE 课程"的研究和应用有着重要的意义。在"PIE 课程"的设计与实施中，建构主义心理学的理论可以为教师提供课程研究方法和思路，促进学生构建全新的知识和概念，培养学生的跨学科思维和能力，使他们发展成为有创造性和创新性的人才。

"PIE 课程"的实施有何价值？

项目化课程进课堂是教育变革的趋势，也是探索新课程标准背景下教学样态的主要方式之一。结合学校"仁爱育人"课程框架与培育现代化小公民的育人目标，我们逐步完善"PIE 课程"框架构建，丰富"PIE 课程"主题内容，凸显"PIE 课程"育人功能。同时，以国内外关于跨学科课程建设的理论框架为基础，对"PIE 课程"进行学校层面课程体系的理性分析和研究，积累和沉淀课程发展的实践价值。

学校是松江区小学低年级主题式综合实践活动课程实验学校，已经开发了多类型、多数量的拓展型课程。在此基础上，结合跨学科项目化的特色，我们又逐步实施《微生物奥秘多》《耙耙在说话》《现代皮影戏之我是小小动画制作人》《山海经—潮文创》《确定时间的方法》《破茧成蝶》等课程，这些都为学校"PIE 课程"顶层设计的开发提供了前期的实践经验，更为后续课程的全面推进做好衔接铺垫。

1. 基于项目化学习方式，系统建构课程体系

"PIE 课程"均以跨学科项目化学习的方式开展，从学生角度考虑他们的课程参与性、问题解决性、小组协调性以及个体发展性。最终体现学生核心素养发展的独特性、多样性和社会适应性。

学校以《跨学科视野下"PIE 课程"的开发与实践研究》课题为切入点，通过探索"PIE 课程"的实施路径，构建"PIE 课程"体系与逐步建立"PIE 课程"资源库，为教师进行项目选题、设计与指导，为学校跨学科项目化校本课程搭建提供经验。为今后跨学科项目化学习的实施打下基础，形成一批可引领、可借鉴的示范课程。

2. 关注学习方式转变，挖掘课程学习价值

"PIE 课程"的开发与实践中，以真实问题为导向，自身经验和项目化理论为指导，通过创建真实驱动性问题，学生能以情境体验、动

手实验、学习互动、教师指导等形式，用高阶学习包裹低阶学习，实现知识与能力的再构建，不断走向深度学习。通过项目化课程的实施，打通学科通道，有效融合各学科知识与技能，引导学生建构跨学科知识网络，进阶学生的能力价值与自我价值。

3. 追求素养导向评价，培养终身学习能力

"PIE 课程"追求素养导向的评价方式，注重将学科素养作为评价的重要指标和核心内容，对学生在跨学科课程中所涉及的多个学科领域的知识、技能、价值观和创新能力等方面进行综合性评价，侧重于发掘学生跨学科学习能力、发散思维和解决问题的能力，并以发展学生的核心素养为目标，促进学生德智体美劳全面发展。

在"PIE 课程"中，素养导向的评价旨在对学生跨学科课程学习的成果进行全面、多维度的评价，以反映学生不同领域的知识、技能和能力的水平，并提供有针对性的教学、学习、评价和反馈。这种评价方法强化了学生的多学科知识整合能力和跨学科思维能力，培养了其创新精神和终身学习能力，在跨学科教育中具有重要的意义。

4. 挖掘教师专业化能力，升华项目化教学价值

在"PIE 课程"的实施过程中，教师要保持职业热情去主动探索未知的教学过程，不断尝试新的教学模式，打破执教同一学科到终身的现状。教学观念的转变，教学方法的转变和身份角色的转变，都将给教师带来新的挑战和新的专业发展契机。

"PIE 课程"的创新特色体现在何处？

课程，是一所学校规范办学的基本要素之一。校本课程，则给学校提供较为灵活的办学空间，结合学校的办学现状、师资力量以及发展方向。通过一段时间的课程实施与改良，其中一批较为成熟的课程可以转化为校本课程。校本课程来自本校一线教师的教学心得，它

充分考虑学生的智育水平与接受能力，尊重学生的兴趣爱好与发展规律，是当前基础型课程的一种补充方式。教师通过校本课程的摸索与实践，提升自身的课程研究能力与技能，并将个人特长转换成为学校特色课程，惠及更多的学生。

1."PIE 课程"内容编排创新

项目化教学让学校与教师在课程开发与实施上都跨出了一大步，让教师从换位思考的角度来凸显学生认知为主的新教学模式。适当放慢教学的节奏，整合知识的力量，以问题驱动形式为主线引领教学。"PIE 课程"聚焦跨学科学习，它对于学生、教师以及课程内容提出了更多、更高、更深的要求。为帮助更多的教师走进"PIE 课程"，学校设计了五大领域的分年段课程框架。形象直观的分类能帮助"新手"教师快速上手；内容丰富、年级适切的选题目录能节省"初学者"研究的时间。

（1）菜单式课程选择

学校成立"星火"项目化工作室，邀请学科代表教师进入工作室。在对全部课程内容梳理之后，结合学科内容分年级罗列出 52 门课程，并标注了每门课程的研究主题与内容。所有学科的老师都能从课程的菜单里下单自己有把握或者想尝试的课程。例如，数学学科教师可以在"数字与生活"领域选择《硬币为什么是圆的》《小小精算师》等课程；自然学科教师可以根据自身需要选择《校园植物大排摸》《花花草草来作画》等课程内容；语文学科中有关于《诗经》的学习，在"艺术与人文"领域设计了《诗经中的植物》，既然学科内容的学习，又进行了相关植物的古今绘画对照，增加了学习的深度。

52 门课程犹如是"PIE 课程"菜单的菜名，分散在各个学科中。它简化了教师实践的步骤，提高了教师进入实践的效率，激发了教师加入项目的兴趣，较为精准地扶持教师制定学习的主题与内容。

（2）地毯式课程覆盖

学校现有基础型课程涵盖语文、数学、英语、道德与法治、体育与健身、自然、唱游／音乐、美术、劳动技术、拓展、体活等。学科类型较为多样，教师基本都是专职教师，从事单一的学科教学。"PIE课程"将课程重新组合，将知识相近的课程或主题关联成为组合，形成"数字与生活、身体与健身、艺术与人文、自然与生物、科学与技术"五大主题。小学所有的基础型学科都能从这五个主题中找到对应的板块，也可以将这些主题重新组合，衍生出新的跨学科知识生长点。

"PIE课程"以全学科、全学段的地毯式课程模式进行覆盖，帮助教师梳理好合适的跨学科主题与内容，加速了项目化课程的推广与应用。

（3）示范性课程引领

项目化实施案例的撰写有别于其他学科，它有六个步骤，分别是：项目概述、挑战性问题、项目目标、项目实施、出项活动和项目反思。在挑战性问题中又分为本质问题和驱动性问题。项目目标中又分为知识与能力目标、高阶认知和学习素养。项目实施中又分项目准备、入项活动、项目方案设计、项目过程（若干个子问题）、成果修订与完善。

学校"星火"项目化工作室成员在构建PIE课程框架后，选择了5个代表领域的课程主题进行案例撰写。在案例的撰写与推敲过程中，通过甄选适切问题、厘清课程脉络，凸显项目化学科特征，形成课时方案。如科学与技术领域的《会计时的水漏》、自然与生物领域的《乳酸菌的奥秘》、数字与生活领域的《旅行中节省的学问》、艺术与人文领域的《山海经异兽——潮文创》、身体与健康领域的《粑粑会说话》，每一个领域下都有一门完整的案例与课时内容。星星之火可以燎原，这些课例将成为每一个领域的示范性课程，加速PIE课程的校本化推广。

2. "PIE 课程"实施方式创新

"PIE 课程"重点关注学生经历与实践的探究性学习。它拟建立起学生生活与学习之间的关联，课堂知识与实践之间的关联。它将打破一贯的基础型授课方式、场地资源限制和合作同伴的固化。它将凸显学生群体成为课程主题的研究者，教师在过程中是以导师身份出现，跟进课程进度，提供知识资源的支架。它的场地资源可以根据课程内容需求而变化，校园中任何一个教室或一个角落都可以成为授课的场地，服务适切的课程内容。两人同桌的概念也不再出现在课程内，而被替换为多人的合作伙伴，"组团"式探寻问题，这给课堂带来了新鲜感和战斗力。

（1）学生有"仪式感"

"PIE 课程"，是项目化课程中的一种类型，它关注学生和老师两个群体的共同发展。对于学生而言，"PIE 课程"的授课有别于普通课堂，更显"仪式感"。第一，问题选择具有仪式感！来源于生活的问题甄选，贴近学生的学习需求与认知水平。第二，小组分工具有仪式感！人员重组分工则尊重学生在各个小组内的个体发展和群体发展相结合。第三，教师指导具有仪式感！教师提供学习支架的过程，切换教学模式，放慢教学节奏，遵循学生自然研究与学习的过程。第四，出项展示具有仪式感！出项展示环节让更多的学生从幕后走向台前，建立起研究成果与语言表达之间的能力关联。

（2）教师有"挑战感"

对于教师，"PIE 课程"的执教充满"挑战感"。（1）问题选择具有挑战感！"PIE 课程"的主题大部分来源于学生的学习与生活，也可以是社会热点与特殊现象。这些主题可能有别于教师的原执教学科，从知识的储备与资源学习上需要教师开展二次学习。（2）上课模式具有挑战感！多元的小组合作模式，挑战教师的教学效能与管理能力。

既要把握课程教学进程，又要调控课程的纪律。（3）出项成果具有挑战感！较为开放自主的 PIE 课程推进模式，增加教师检验成效的难度。需要教师重心前移，从驱动性问题的选择上就要预估每个环节可能出现的教学分项，并根据每课时的学习成效适时调整。出项成果作品的展示方式也可以根据学生的实际研究水平及解决问题的结果予以调整。

PIE 课程的推进，挑战的不单单是伴随课程中各类问题解决的能力，更挑战的是教师对于新教学领域的学习能力与研究意识，是教师进入职场后的再次"学生时代回炉"！而回炉的过程没有导师的指导和标准答案，更多的是当下教师群体对于项目化跨学科领域的摸索与尝试。没有纸笔测试的对错检测，没有专项教研员的专业指导，没有现成课程的示范引领。但这些"没有"给教师更多的空间去改变课堂教学模式，钻研执教学科与其他学科领域的跨界教学，养成持续学习与研究的习惯，提升复合型学科综合素养，逐步转型成为一个"终身学者型教师"。

（3）课程有"期待感"

"PIE 课程"有一定的特殊性，它采用的不是传统的教学模式，让课程开发与实施令人耳目一新。课程主题上的期待，这些主题多来自学生或者老师感兴趣的问题，围绕问题的分析与解决来推进课程。解决问题的过程给学生带来身心的愉悦感和成就感。（1）课程时间具有期待感！它或以短课程或以周期课程的方式开展，一般安排在三至八课程之间，也有最少单课时的课程。灵活的课程设置既能确保 PIE 课程的实效性，也能延长学生学习体验。（2）课程合作具有期待感！学生由原来的同桌合作改为团队协作。PIE 课程的特征之一是高阶知识裹挟低阶知识。基础型课程中的优等生不一定能成为 PIE 课程的优等生。许多学生在"PIE 课程"中逆风翻盘，凭借自己对于这门课程的储备知识或者个人技能成为团队中的 leader。（3）课程评价上具有期待感！PIE 课程另外一个关注点是评价，评价来源于团队间、师生间、学校间。教师利用形成性评价和终结性评价的指标预设各课时的教学内容。而学生更关注自己或者团队在课程推进中受到的各种评价。个人努力与团队共荣的荣誉感，将增加学生的个体自信和与集体荣誉感。

"PIE 课程"是如何开发和实践的？

在当前教育发展形势下，国家及区域相关文件精神都对"教育到底要培养怎样的人"做出回应，特别是"十四五"上海"未来学校"规划中，倡导要提高学生综合素质、创新创造能力、审美与人文素养，打造部分学科高地，瞄准与培养一批学有余力、有创新潜能的学生。

"PIE 课程"作为一类新型的教学方式在培养课堂学习能力之外，更注重培养生活与学习中关键能力的集整统一，引导学生具备独立思考、逻辑推理、信息加工、学会学习、语言表达等能力。也关注到培养学生的职业能力，引导他们适应社会需求，践行知行合一，积极动手实践和解决实际问题。通过前期的摸索与实践，基于公办普通小学的前提，规划出一条可实施的项目化实施路径。

学校是第一轮的松江区项目化学习种子实验校，由于区内对项目化培训的指导性文件很少，以及同伴互助的资源匮乏，学校摸着石头过河，一方面向上海市项目化实验校同行取经，另一方面定期邀请项目化学习相关专家把脉定方向。经过两年的实践反思与不断修正，从项目化课程分类到建成项目化课程领域；从项目团队地毯式挖掘到聚焦关键项目主题；以及不断完善课程方案的各类过程性评价方式等，形成了学校基于跨学科项目化"PIE 课程"开发与实践研究的全过程。

为加速项目化课程推进的力度以及提升项目化教学成效，学校采

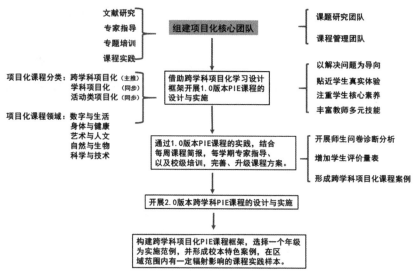

"PIE 课程"开发与实践研究过程图

用全员培训、分级推进、个体出项的方式，让全体教师了解并参与到跨学科项目化课程设计与实施中。以个体与群体相结合的模式、以学科与学科相结合的模式、以培训和实践相结合的模式，鼓励一部分优秀的个体脱颖而出，率先研磨出跨学科项目化课程，继而辐射带动更多的教师群体。

　　组建核心团队：学校成立以校长为核心的项目化管理团队，构建学校整体项目化课程框架。在学校跨学科领域设计真实、富有挑战性的课程主题。"PIE 课程"学习的课型特征有别于一般的课堂教学，它需要教师先期投入一定的时间与精力去学习与研究，同时还需要提升教师相关课程的知识储备与解决问题的能力，这会让很多教师望而却步。为了让"PIE 课程"大众化、亲民化，让更多教师愿意参与其中，学校需要提前组建核心团队，团队成员率先"下水"形成较为成熟的课程案例，基于学校现状及发展规划搭建课程框架，给教师提供选课支撑与依据。Give somebody a hand. Somebody will give you a surprise.

角色反转培训：学校每学期开展一次项目化课程直培课。由已出有项目化教学成果的教师代表授课，全体教师换位做学生，深入感受项目化课程的教学模式，同时也换位思考项目化学习的教学与成效。"PIE 课程"是通过问题发现与解决的过程来提升学生的综合素养，同时也是对教师教育行为的一场变革。Every coin has both sides. 角色反转培训除了帮助教师提升自身的教学技能与业务水平之外，还能帮助教师换个视角看"PIE"课程。每一次教师的回炉深造，都会帮助教师改变视角，从学生的角度了解学生需要什么样的课堂，什么样的问题才是学生真正想解决的问题，什么样的任务才能凸显学生的实践能力，什么样的评价才能促进学生的认知。

全员撰写课程：核心团队前期先行先试，构建基础的项目实施方案和模式。角色反转培训既增加了整体教师培训的覆盖面，又提升主题培训的效率与精准度。作为一种新型的教学模式，考虑到培训的成本及效益，学校设计项目化课程手册，以案例辅助的形式开展全员撰写课程。教师根据个人技能及兴趣特点，在学校整体课程之中，撰写合适的项目化课程。由专业教师进行评价与指导，再进行第二轮的内容修改。全员参与能确保项目化课程的知晓度以及成为项目化课程推进的案例"蓄水池"。

分批试点推进：对全员撰写的课例进行综合性评价，根据课例质量进行赋分，选择较为完整的课程进入到试点课程，并排期"试水"上课。学校选择在一个年级为试点，定人、定时、定班开展项目化年级课程。核心团队根据每次听课反馈来撰写项目化简报，对每节项目化课程的内容进行分析与评课，在下一轮课程实施中及时修正与调整，确保凸显项目化课程的特征。在分批试点过程中，将符合项目化特质的课程提级管理，升级为"PIE 课程"的校级课程，并颁发课程荣誉证书。

全面推广开展： 在两至三轮的项目化课程实施后，学校已培养了一批带有变革性思维的教师，已积累一定的项目化教学成果。通过这批先行教师的经验分享与同伴互助，带动更多的教师参与项目化课程的实施中。项目化学习全面推广的效益还反哺在学科日常教学中，老师们以项目化的思维研究常规教学，深化教学方式变革，促进教学质量提升。

提纲挈领的项目化课程框架引领和循序渐进的项目化课程推进，让课程不断的迭代优化，也让层次不一的教师团队能够在优秀团队的带领下依次跟上，最终形成学校范围内的项目化学习模式新样态，激发学校的办学活力。

在"仁爱育人"学校总课程的框架之下，"PIE 课程"以跨学科项目化实施方式，拟建立一种与真实世界有关的、贴近学生生活的、以问题驱动开展的课程体系。它适切地面向每个孩子，助力教师在课程中发展自我价值，推动学校高质量发展。"PIE 课程"是课程教学变革的主要方式之一，也是"双新"课程落地小学的改革创举。它注重学生的真实体验与感受；注重学生实践过程中的失败与收获；更注重课程学习过程中良好品质的习得，最终在潜移默化中提升学生在新课标指引下的核心素养，为人才的培养创造无限可能！

序

　　随着社会经济的快速发展，诸多新兴领域逐步涌现，人类面临的问题和挑战也日益复杂，需要人们具备跨学科的知识技能以及思维才能更好地应对。传统的分科课程已经无法满足当今社会对人才培养的需求。跨学科课程在培养学生更全面的知识技能和跨学科思维以及复杂问题解决能力等方面具有独特的意义和价值。为此，《义务教育课程方案（2022 年版）》明确指出，要"开展跨学科主题教学，强化课程协同育人功能。"并提出要"积极开展主题化、项目式学习等综合性教学活动，促进学生举一反三、融会贯通，加强知识间的内在关联，促进知识结构化。"跨学科课程设计及其项目化实施成为回应时代发展需求以及政策改革要求也是培养面向未来的人的重要途径。

　　变革总是具有挑战性的。跨学科课程设计及其项目化实施在为我们勾勒出课程建设的蓝图时，也对学校的整体课程建设、师资队伍培养等提出了新的要求。实际上，在跨学科课程设计与项目化实施的不同阶段，学校常常会面临一些共性问题。其一，跨学科课程作为学校整体课程的一部分，同样需要回应学校育人目标的问题，因此如何基于学校育人目标进行跨学科课程的设计与开发也是学校需要思考的问题；其二，就跨学科课程本身而言，作为加强学科知识内在关联促进知识结构化的重要抓手，其开发与设计也需要呈现结构化序列化的特征；其三，由于一直以来受传统分科教学模式的影响，教师比较适应单学科的教学，而跨学科课程的项目化实施则要求教师具备跨学科项目化学习设计、实施和评价等方面的知识和能力，以及不同学科间教师协同合作的能力。这些问题如果没有得到有效解决，实践中将呈现出各种各样的问题：学校跨学科课程主题多样，但内容之间缺乏系统性和整体性；教师无所适从，不知道该如何找到适合自己知识范围并符合学生学习需求与年龄特征的跨学科学习主题；教师由于欠缺跨学科课程设计和实施的经验，容易出现与"多学科"概念混淆、跨学科形式化等问题，导致跨学科项目化学习实施成效不明显；等等诸如此类的问题。

令人欣慰的是，上海市松江区泗泾第五小学在跨学科课程设计与项目化实施的实践过程中探索出了一条可行之路。学校以"PIE 课程"为锚点，坚持主题融合式、情境真实性、内容结构化、过程实践化、评价多元化和素养导向性六大行动导向，从项目化课程的简单分类到形成项目化课程领域，从地毯式挖掘到聚焦关键主题，从组建核心团队到全员培训、分级推进，以实践智慧化解了跨学科课程在设计和项目化实施中出现的重重阻碍。首先，学校把办学特色、师资力量、学生特点和前期工作基础等作为学习主题设计的依据，通过对基础型课程的梳理，将相对接近的科目分类后集中，形成拥有五大学习主题的"PIE 课程"体系。每一个主题都浅显易懂，创新的图谱式菜单模式为教师提供合适的主题内容，帮助教师寻找跨学科知识的关联点；其次，学校建立了一套完整的保障体系。学校以校长室领衔项目化课程领导小组，组建"星火"项目化学习工作室、"PIE 课程"专家团队、"PIE 课程"实践组作为课程推进的核心力量，同时予以场地保障、课时保障、经费保障、绩效保障、研发保障，多方协同，保障课程的整体建构与实施；最后，学校实现了三个层面的"全覆盖"。一是覆盖"全学科"。在设计时，力图所有学科都能融入到"PIE 课程"中来，所有教师都能够选择与自己擅长领域相关的主题；二是覆盖"全年级"。"PIE课程"采用了分阶段式的主题课程设计，针对不同年龄特征的学生和不同的教材内容，设计不同的活动主题和活动目标，同时调整活动实施方式；三是覆盖"教师全员"。学校采用全员培训、分级推进、个体出项的方式，让全体教师了解并参与到跨学科项目化课程设计与实施中。

"PIE课程"的设计及其项目化实施，集中体现了上海市松江区泗泾第五小学的实践智慧和创造力。学校通过赋予"PIE"特定的内涵，构建出问题驱动、任务执行、评价赋值的实践框架，并在实践中创生出了不同主题下精彩的设计与实施案例。"PIE课程"的设计及其项目化实施让学生从不同学科角度出发，整合运用所学知识和技能，解决实际问题或提出创新性解决方案，为培养学生复杂问题解决能力甚至是创造力提供了时间与空间，也为"创造无限可能"创造了可能。

崔春华

上海市教育科学研究院普通教育研究所

第一章 "PIE课程"体系建构与实践推进

第一节 体系建构

课程体系是指同一专业不同课程按照门类顺序排列，是教学内容和进程的总和。课程门类排列顺序决定了学生通过学习将获得怎样的知识结构。课程体系是培养目标实现和育人活动开展的具体依托。它规定了培养目标实施的规划方案。在上海市《义务教育项目化学习三年行动计划（2020—2022）》方案中提出：以创造性问题解决能力为导向，以项目化学习的实践和研究为着力点，以活动项目、学科项目、跨学科项目在载体，促进义务教育学校教与学方式变革，进一步激发学校办学活力。"PIE课程"属于跨学科项目化课程，它在学校基础型课程的基础上，提倡学科知识、学科内容间的融会贯通，以问题驱动、任务执行、评价赋值为课程模式，关注提升学生综合素养。

一、"PIE课程"的内容框架

"PIE课程"属于跨学科项目化学习。它选用 Project（项目化）、Inquiry learning（探究性学习）、Experience（学生的经历与实践）三个核心要素英文首字母的缩写作为课程名称。以学生视角看待真实问题的解决，以学生体验记录评价过程，以学生认知开展项目的执行并在过程中修订。

项目化课程需要学科间知识的支撑与转化。学校经过对基础型课程的科目梳理，将相对接近的科目分类后集中，形成拥有五大学习主题的"PIE 课程"体系。分别是"数字与生活、科学与技术、自然与生活、体育与健身、艺术与人文"。五大主题基本涵盖所有基础型课程的内容范畴，也让学生与教师拥有更多的课程自主权，教师和学生可以用自己的智慧去丰富课程内容，用项目成果的实践与展示去丰富课程形式，用学科交融和知识与技能迭代去丰富解决问题的方式。学生能在课堂中看到无限自主、无限自信和无限可能。

每一个主题都浅显易懂，图谱式菜单模式提供给教师合适的主题内容。每一个主题都有跨学科知识与内容的交融，帮助教师寻找跨学科知识的关联点。

基于"PIE 课程"的主题框架定义每个主题群的内涵界定和课程设置。分年段逐级推进课程，共分五个年段十个学期，每学期两个项目化课程，合计拥有 50 余门课程，附课程索引及内容注释。

（一）"PIE 课程"的基本架构

以学校办学特色、师资力量以及学生特点等作为项目化学习主题设计的依据，将学校课程结构根据跨学科项目化学习主题的容量进行重构，使原有的基础型课程、拓展型课程和探究型课程之间以学科核心知识为连接，通过学科以及跨学科概念交融在一起，另将课外资源、技术性要求有机地融入到各主题中，形成完整的"PIE 课程"体系。

学校拟定跨学科视野下 PIE 课程主要包含五大主题，即"数字与生活""身体与健康""艺术与人文""自然与生物"和"科学与技术"，并将根据课程实施的进程与情况进行适时的补充或调整。

图 1-1 "PIE 课程"框架图

各主题群中的每个项目学习活动，均根据主题设计了相应的情境，设置了真实的驱动性问题引发各个项目化小组开展探究学习，运用各学科的知识、工具和资源解决问题，最后将成果进行公开展示、交流或介绍。各主题群的内涵界定如下：

数字与生活：数字学习需要有一定的理科思维，一般归类于综合理科，它同时也是德育的潜在学科。将数字纳入项目化中会带动更多数学知识的生活应用，也让项目化课程的推进数据支撑更为详实。本项目群拟建立生活与数字之间的联系，通过情境设置与问题解决，引导学生学会观察生活、体验生活以及运用数字来解决生活问题、体验生活乐趣、提升生活品质。

身体与健康：一个人的健康不仅仅指躯体没有疾病，还包括具备心理健康、良好的社会适应以及具有积极的道德观念，本项目群的学习旨在引导学生通过游戏、制作、设计、实验、搜集资料等活动，认识到人的身体是由人的各生理组织构成的整体，也是人的健康的基础。本主题旨在探索关于身体特征、心理健康、生活自理、疾病与救治等多方面的内容。

艺术与人文：旨在通过制作、绘画、表演、实验、演奏等活动，引导学生从身边的物品、器具、建筑、诗词等艺术作品中发现人类文化中的先进、健康、科学的部分，并且各个项目化学习主题聚焦学生周边也就是松江本地的非物质文化遗产等，领略本地文化中各种艺术作品的美学价值，并能够用自己所学的知识与技能再现美、创造美。

自然与生物：生物诞生的亿万年中，物种演化出千万种不同的形态，本主题的目标在于引导学生从分类学、生态学、环境生物学、行为学等多学科领域认识生物在适应多变环境的过程中逐渐生成的多种多样的"智慧"，从而理解它们的生存之道。本主题的学习将通过丰富多样的案例、与众不同的视角与活动来证实并帮助学生学习达尔文自然选择学说的思想与理论。

科学与技术：如果说科学是认识世界，那么技术则是变革世界；如果说科学是提高人类的认识水平，那么技术则是增强人类的生存能力，改善人类的生活质量。本主题群重视自然学科中的理性思维方式和培养模式，关注学生情境体验与动手实践能力的培养。

团队成员通过对相关科学知识、创新技能的学习，发挥各自所长，综合运用多学科的知识与技能、工具和资源，最终解决问题并进行创新性的展示。

（二）"PIE 课程"体系的课程设置

在项目化学习的五大主题中，结合各年级学生的年龄和知识储备，覆盖全部基础学科的相关内容，共设计了一至五年级不同层级 50 余个学习项目，随着学校项目化学习研究的深入，将逐步补充、完善、调整，目前设计的主题具体分布如下。

表 1-1　各年级主题概览

主题 年级	数字与生活	身体与健康	艺术与人文	自然与生物	科学与技术
一年级	➢ 硬币为什么是圆的 ➢ 未来钟表设计师	➢ 奇妙的绳结 ➢ 护蛋行动	➢ 花花草草来作画 ➢ 植物印染	➢ 树叶为什么变色 ➢ 杂草从哪里来	➢ 各种各样的饮料 ➢ 美丽的云朵

（续表）

主题\年级	数字与生活	身体与健康	艺术与人文	自然与生物	科学与技术
二年级	➤ 校园植物大排摸 ➤ 东南西北有讲究	➤ 破茧成蝶 ➤ 我怎么又生病了？	➤ 简易乐器 ➤ 蛋壳画	➤ 校园植物地图 ➤ 病毒的真相	➤ 确定方向的N种方法 ➤ 车轮的遐想
三年级	➤ 自制生日皇冠 ➤ 文具促销员	➤ 我的情绪我做主 ➤ 我的保护伞	➤《诗经》中的植物 ➤《诗经》中的动物	➤ 天然酸碱指示剂 ➤ 有趣的鸡蛋	➤ 3D打印工坊 ➤ 自然界中的水
四年级	➤ 小小精算师 ➤ 设计文化墙	➤ 神奇力量 ➤ 粑粑会说话	➤ 唤醒沉睡的土家族吊脚楼 ➤ 山海经异兽——潮文创	➤ 乳酸菌的奥秘 ➤ 护育松鼠茶园之土壤酸碱性	➤ 高效扇叶的设计与制作计时的水漏
五年级	➤ 怎样做最省 ➤ 无人机快递——安全的包裹	➤ 健康菜谱的设计 ➤ 食物"三秒钟"	➤ 松江的什锦锣鼓戏 ➤ 现代皮影戏——我是动画制作人	➤ 松江野菜知多少 ➤ 寻找水熊虫 ➤ 多样的云	➤ 智能灌溉装置 ➤ 地球的保护伞

（三）"PIE 课程"具体内容

每一个跨学科项目化课程主题群根据学生年龄与心智特点，在不同年级选取有代表性的内容设计了相应的项目方案，并且对每个项目的内容做了简要说明，如下各表所示：

表1-2 1—5年级主题及其内容

1—5年级"数字与生活"主题及其内容		
年级	主题	内容
一	硬币为什么是圆的	货币都有哪些？圆形的特征是什么？认识用圆形来制作硬币，是因为圆形物体不易磨损，没有角不易划破口袋及钱夹，节省制作材料。

（续表）

1—5 年级"数字与生活"主题及其内容		
年级	主　题	内　容
一	未来钟表设计师	钟面的构成要素有哪些？制作钟面时制作材料的选择（废物回收利用），钟面设计创意、美化等。根据钟表拟定自己的一天时间安排，学习做时间的小主人。
二	校园植物大排摸	统计表和统计图的构成要素有哪些？认识校园植物，制作统计表，画条形统计图，给校园植物养护提建议。
二	东南西北有讲究	如何确定东南西北四个方位？方位在生活中的应用有哪些？数学文化渗透：中国古代风水地理金木水火土与青龙、白虎、朱雀、玄武，建筑坐北朝南。
三	自制生日皇冠	测量周长的方法量头围，轴对称图形设计帽子图案，色彩搭配，材料的选择轻便耐用易携带，评比统计。
三	文具促销员	了解利润背后的数学原理，即利润是如何产生的？从商业运营的角度做出定价和促销方案设计，达成"赚钱目标"。怎样计算收益，对比收益，随后通过推算设计一份文具店促销方案。
四	小小精算师	在学习完小数运算后，让学生走进商场，调查一下促销方式的种类，算一算想买的商品能省多少钱，通过计算找到最划算的促销方式，使学生学会精打细算。
四	设计文化墙	什么是文化墙？文化墙的基本要素？怎么设计文化墙？这些问题中"怎么设计文化墙"需要综合运用数学学科长方形的周长面积计算、语文学科确定主题内容、美术学科布局及美化等来进行文化墙设计。
五	怎样做最省	"去佘山欢乐谷玩"的乘车方案都有哪些？分析不同的路线方案，在费用和时间两项上寻找"省"的最优点，并基于此再考虑交通工具的环保性从而做出最优选择。
五	无人机快递——安全的包裹	选择生活中可回收再利用的材料，设计包裹"保护"方案，探究让包裹从一定高度落下而不损坏里面货物的方法。

\multicolumn{3}{c}{1—5 年级"身体与健康"主题及其内容}		
年级	主 题	内 容
一	奇妙的绳结	什么是绳结,我的鞋带为什么总是掉,学会打结,结绳记事,绳结的故事,各种不同的绳结等。
	盲人的一天	人类致盲的原因、模拟、感受盲人的一天,盲文、盲道的认识,如何正确对待身边的残疾人,设计制作专用的盲人用品等。
	护蛋行动	鸡蛋的结构,如何保护一颗鸡蛋,实践保护鸡蛋一天或更长时间等。
二	"破茧成蝶"	人与自然,团队协作,蝶的完全变态,亲近自然,身体运动健身等。
	我怎么又生病了?	我怎么又生病了? 人会生病的原因,如何正确看待人的疾病,生病以后怎么办? 增强体质的方法等。
三	我的情绪我做主	和坏情绪说拜拜,我的情绪我做主,自我控制力,情绪控制游戏等。
	我的保护伞	青少年保护条例,常见的青少年安全问题,如何自我保护,青少年心理热线等。
四	绳奇力量	探究利用绳索解决生活中的各项难题,掌握生存自救技能,理解绳在不同文化里的象征意义。
	粑粑会说话	动物粑粑的诞生,粑粑能反映动物健康状况,粑粑对自然界的影响,粑粑的社会价值,设计医疗诊断书等。
五	健康菜谱的设计	健康菜谱的组成要素,不同人群的营养摄入,食物营养的成分计算,菜谱的设计,一周健康食谱的制作等。
	食物"三秒钟"	食物"三秒钟""五秒钟"原则的证伪,不同食物与环境的影响,细菌培养等。

\multicolumn{3}{c}{1—5 年级"艺术与人文"主题及其内容}		
年级	主 题	内 容
一	花花草草来作画	自然界的植物叶与花,叶画欣赏、花瓣画欣赏,叶画制作,花瓣画制作等。
	植物印染	植物色素,收集不同颜色的植物叶,制取植物色素,进行植物印染等。

（续表）

\multicolumn{3}{c}{1—5 年级"艺术与人文"主题及其内容}		
年级	主 题	内 容
二	简易乐器	常见的简易乐器：水杯琴、油桶鼓、少数民族的竹梆等，自制乐器，调音，用自制乐器自组乐队演奏校歌等。
	蛋壳画	蛋壳画欣赏，蛋的选择，蛋的清洗，蛋雕欣赏，蛋壳绘画方法，作品评价等。
三	《诗经》中的植物	《诗经》简介，古诗词中的植物称谓，古籍中的植物绘画，古今植物对照等。
	《诗经》中的动物	《诗经》以及其他古诗词中的动物称谓，古籍中的动物绘画，古今动物对照等。
四	唤醒沉睡的土家族吊脚楼	吊脚楼的文化背景、历史背景，吊脚楼如何改造成现代农家乐，吊脚楼农家乐的宣传及推广。
	山海经异兽——潮文创	什么是山海经，古籍中的动物绘画，古今动物对照，山海经异兽周边文创设计等。
五	松江的什锦锣鼓戏	什么是民乐，欣赏泗泾什锦锣鼓戏的演出实况，探究什锦锣鼓戏中的艺术价值等。
	现代皮影戏——我是动画制作人	电影原理，动画种类，道具制作，动画编剧，视频制作与简单剪辑等。

\multicolumn{3}{c}{1—5 年级"自然与生物"主题及其内容}		
年级	主 题	内 容
一	树叶为什么变色	不同季节植物颜色变化，植物体内色素种类，叶色层析实验、扎染等。
	杂草从哪里来	观察人工种植园中的植物情况，身边的杂草图谱，探究杂草的来源、制作草籽怪人等。
二	校园植物地图	认识常见植物，校园植物识别，校园植物图谱，自然笔记，自然摄影，校园植物名录，校园植物地图制作等。
	病毒的真相	什么是病毒，病毒和细菌的区别，病毒史，新冠病毒，病毒的科学预防与救治。
三	天然酸碱指示剂	寻找生活中能制作天然酸碱指示剂的物品，观察不同指示剂遇到酸碱时的色彩变化，尝试利用指示剂变色的原理调出想要的颜色。
	有趣的鸡蛋	鸡蛋的结构，竖鸡蛋、为什么不能洗生蛋，小鸡的发育过程，亲自孵化一颗鸡蛋等。

（续表）

1—5 年级"自然与生物"主题及其内容		
年级	主题	内容
四	乳酸菌的奥秘	牛奶是怎样变成酸奶的，探究乳酸菌的生长条件，尝试自己制作酸奶等。
	护育松鼠茶园之土壤酸碱性	植物花的结构，结构植物的花，植物的花与传粉动物间的共同演化实例，制作、模拟相应的结构等。
五	松江野菜知多少	什么是野菜，野菜的食用与药用价值，泗泾地区野菜统计与分布，野菜食谱、野菜食物制作等。
	寻找水熊虫	什么是水熊虫，水熊虫的寿命，如果找到水熊虫？水中的其他"居民"——缓步类动物、藻类等微生物等。
	多样的云	云有各种形态，不同形态的云有什么特点吗？云的形状与天气有怎样的关系？在实验室能不能制造一朵云出来呢？

1—5 年级"科学与技术"主题及其内容		
年级	主题	内容
一	各种各样的饮料	认识气泡水、苏打水、汽水的差异，了解苏打水的功效，自制苏打水等。
	美丽的云朵	云是什么？云的种类，云的形成原因，看云识天气靠谱吗？画一画美丽的云等。
二	确定方向的 N 种方法	在野外如何确定方向？指南针的发展史，指南针的使用，制作简易指南针，如何利用枝条、手表、月亮等物体判断方向等。
	车轮的遐想	车轮发展史，轮子的作用，形态各异的轮子，未来的车辆展望、制作简易车辆模型等。
三	3D 打印工坊	3D 打印的历史，3D 打印的原理，3D 打印软件的初步体验，简易 3D 打印作品的制作等。
	自然界中的水	自然界的水循环、自然界的水感觉吗？制作野外简易过滤装置，比较分析过滤装置的过滤效果等。
四	高效扇叶的设计与制作	选择并利用合适材料，将扇叶的结构从设计稿制作成作品，探究影响扇叶发电效率的因素，并对自制扇叶进行改进，最后组织自制扇叶的展示活动。
	会计时的水漏	古人利用水计时的方式，设计并制作水漏模型，发现问题并找到解决方案，改进水漏模型，调试水漏模型，展示水漏模型等。

（续表）

1—5 年级"科学与技术"主题及其内容		
年级	主题	内容
五	智能灌溉装置	如何进行植物种植？生物圈 1 号的故事，物质循环，智能浇灌系统的制作与实验等。
	地球的保护伞	观察温室，什么温室效应？模拟温室效应，温室效应的重要性，哪些是温室气体？温室效应过量带来的问题等。

二、"PIE 课程"体系的主要特征

《义务教育课程方案（2022 年版）》提出，各门课程用不少于 10% 的课时设计跨学科主题学习课程，释放出要积极开展主题化、项目式学习等综合性教学活动的信号。"PIE 课程"有着和跨学科项目化课程一样的基本特征，如培养学生跨学科的视角与学科素养，也有着属于"PIE 课程"的细节特征，如主题融合式、情境真实性、内容结构化、过程实践化、评价多元化和素养导向性。

（一）主题融合式

项目化选题的来源必须是真实的问题，可以来源于日常生活与新闻热点等，因为单一学科的知识已经无法解决跨学科项目化学习中出现的问题，所以"PIE 课程"中的核心知识必须来自两个或以上学科，它根据课程解决问题的目标导向，将若干门学科知识点衔接在一起，在多学科知识的共同介入下，去逐步完成最后的出项成果。学科跨越性的授课模式，会打破单学科教学的局限，为学生拓展学习的空间。

（二）情境真实性

要确保"PIE 课程"项目成果的有效性，前提是要保证驱动性问题的真实性与合理性。甄选学生认知范围内的问题会为课程的推进保

驾护航。真实的问题佐以真实的情境，犹如给问题加装了一个"放大镜"。实情、实景、实镜会让学生在入项环节就更直观地了解驱动性问题的症结及解决问题的强烈意愿。同时也加速学生相关知识与能力的实践运用与反复验证。学生不在意过程中"反复试错"现象，最后的出项作品回归到真实情境中去解决和修复问题，给学生带来解决问题成就感。

（三）内容结构化

跨学科，顾名思义是指涉及双学科或多学科，它让课堂多了学科知识的交织与牵连，也让课堂学习多了一种学科合作的厚度。经过对小学阶段各学科的基本要求和学生的生活体验，结合社会热点、主题活动和学习与生活中遇到的难题，学校将相近学科相对组合分类，共涉及五大领域，涵盖小学阶段的所有科目主题。所有课程内容紧扣主题，设置由真实的驱动性问题引发的探究学习的内容。课程内容结构清晰，联系紧密。"PIE 课程"的开发也丰富了教师的选题视角，进一步挖掘学科联系的深度，PIE 课程更是成为教师在选题上有效的索引目录。

（四）过程实践化

进行"PIE 课程"的学习，需要跨领域和跨学科设计真实、富有挑战性的问题，引导学生在一段时间内持续探究，尝试创造性地解决问题，形成相关项目成果。整个课程中，学生以分组合作的形成进行项目的推进。项目化的课堂以学生主宰课堂的节奏为主，通过单次或者多次尝试去解决项目提出的问题，教师则退而成为导师或援助者。项目的呈现形式可以是学生单体，也可以群体，甚至是几个小组间的混合体。

从项目启动环节，学生就开始参与实践活动。整个实践过程将经过项目实践探究、项目成果产出、项目成果展示、项目复盘等环节。开放式的课堂让学生以放松的心情参与团队实践中，无纸笔打分测试的最终课程鉴定也更让课堂回归到关注动手实践能力和团队协作态度上来。

（五）评价多元化

"PIE 课程"的评价不以考试为指向，而是赋予评价很大的空间。从时间维度来看：它可分为形成性评价和成果性评价；从参评人员来看：它可以分为自我评价、小组评价、同伴评价、教师评价；从参评内容来看：可以是团队成果的评价，可以是团队协作能力的评价，也可以是跨学科知识融合运用能力的评价；从参评方式来看：它可以分为调查与实践报告、出项（作品）成果、口头或书面汇报。在时间允许的前提下，学生一起可以参与研制评价量规。根据跨学科的课程内容选择合适的评价量表，有助于关注学生概念理解和学习实践的深度。

（六）素养导向性

《三年行动计划》提出项目化学习要把握育人方向，全过程融入爱国主义、社会主义核心价值观、中华优秀传统文化、公民道德等元素。同时，《关于全面深化课程改革落实立德树人根本任务的意见》的文件中也指出：统筹各学科，充分发挥人文学科独特的育人优势，进一步提升数学、科学、技术等课程的育人价值，同时加强学科间的相互配合，发挥综合育人功能，不断提高学生综合运用知识解决实际问题的能力。2022 版新课标中再次提出教学要是由过去单一的学科知识传授向着更能激发学生综合素养和能力的"跨学科"课程育人方向转变。

在培养学生的关键能力、必备品格之前，需要培养他们正确的价值观。跨学科 PIE 课程覆盖五大领域,既要课程育人,也要学科育人。学科知识的合作打通育人模式的通道。原本理科思维的数学、科学、技术等学科在跨学科的整合中,与人文学科教育相结合,焕发育人新内容。

三、"PIE 课程"的研制过程与实施保障

(一)顶层设计,明确核心主旨

在"仁爱育人"学校总课程的框架之下,将"智育"课程进行分支构建,项目化课程就是其中一项很重要一部分。因此,学校在原有课程结构的基础上,构建了跨学科视域下的"PIE 课程"。"PIE 课程"的核心主旨是激发学校办学活力、深化教育内涵发展和提高义务教育质量,从而推进义务教育学与教方式的变革和培养学生创造性地解决问题的能力。

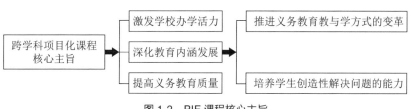

图 1-2 PIE 课程核心主旨

(二)多方协同,保障课程建构

"PIE 课程"的开发与实施覆盖到小学阶段的全学科和全学段,需要全体教师的集体参与,因此需要建立一套完整的保障体系,多方协同,保障课程的整体建构与实施。学校以校长室领衔项目化课程领导小组,组建"星火"项目化学习工作室、PIE 课程专家团队、PIE 课程实践组作为课程推进的核心力量。同时予以场地保障、课时保障、

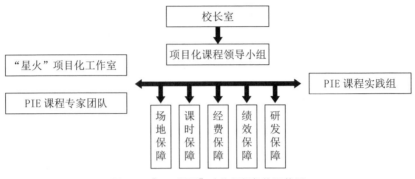

图 1-3 "PIE 课程"建构组织架构网络图

经费保障、绩效保障、研发保障。

（三）师资培养，开发跨学科项目

项目化学习不仅是国际教育潮流的大趋势，也是国内基础教育发展的新动向。无论是显性学科还是隐性学科都需要融合项目化进行教学改革。虽然目前有较多关于项目化学习的理论讲座，但不可能仅仅通过他人经验来提升我们学校教师项目化学习设计实施能力，每位教师只有"在游泳中学会游泳"，在实践中才能真正明白项目化学习的内涵。

1. 全员培训，分级推进

教师的专业素养和课程能力是 PIE 课程开发与实施的决定因素。为了让学校教师深切了解项目化学习的本质和学习过程，学校有效组织教师根据"PIE 课程"的核心主旨开展培训与实践。学校采用全员培训、分级推进、个体结果的方式。以个体与群体相结合的模式、以学科与学科相结合的模式、以培训和实践相结合的模式，鼓励一部分优秀教师脱颖而出，率先研磨出跨学科项目化课程，继而辐射带动更多的教师群体。

2. 课题引领，提升能力

学校以《跨学科视野下"PIE 课程"的开发与实施研究》课题为

引领，构建跨学科视野下"PIE 课程"框架，推进课程开发与实施。在"PIE 课程"构建的起步阶段，部分对跨学科学习有兴趣且有特长的老师率先提交跨学科项目设计，另一部分科研能力较强的老师积极参与项目实施管理，所有成员均接受相应的培训和指导。通过理论学习与实践研究，不断提升项目化课程开发及课题研究能力。此外，当涉及课程理念的更新、学生核心素养培育的探索、教与学方式的变革、项目实施与评价等问题，课题组聚焦课例研究，通过汇报交流、理论学习等方式，重点突破实施难点，厘清课程开发与项目实施的每个环节，使老师们理论水平与实践能力上都有所提升。这个过程中，老师们也收获颇丰。在松江区项目化学习案例评比中，学校张琪老师荣获特等奖，曹婷老师荣获一等奖。

3. 专家指导，明确方向

在项目化课程的实践进程中，我们始终坚持深入学习的科学精神，不断拓宽视野，更新知识结构。为深入开展项目化学习课程理论研究，萃取先进实践经验，学校定期邀请项目化学习相关专家入校指导，通过开展全员讲座、课题研究讨论、项目化学习案例实施指导等活动，进一步让老师们厘清概念，明确方向，学习成功案例的实施经验，进一步提升课题研究及课程开发与实施能力。

（四）开拓空间，保障课程实施

为了给学校课程开发提供更多支撑力量，学校新改建"仁爱小镇"，为课程实施提供优质的场地保障与环境营造。小镇共有 9 间综合性实验教室和教师办公室、学生休闲区、资料室各一间。每间教室提供"一室双功能"的软、硬件配备。它是综合类课程教室的升级版，也是学校特色课程的孵化中心，更是 PIE 课程五大领域课程开展的"温床"。较为宽阔的空间给课程创建提供场地资源支撑；可自由组合的桌椅组合给不同课型提供基础保障；较为齐全的电子设备如电脑房、DIS 等专用设备，能提供更专业的设备支撑；较为应景的自创壁纸布置，为课程营造了适切的环境。学生可以在"仁爱小镇"完成"PIE课程"的各类课程，也可以根据资源教室的功能不同进行课程场地的切换，做到"一站式"课程体验。

"仁爱小镇"学习空间可以为学生提供多元化的学习环境和体验，提供不同类型的学习场所和设施，使学生的学习更具有活力和灵活性，增强学生的自主学习能力和探究精神。利用学习空间，可以营造良好的互动合作氛围，促进学生之间的交流和互助，并且引导学生参与课程讨论和合作，充分利用群体优势，促进学生之间的相互学习和成长。

第二节　课程实施

课程实施是实现预期教育结果的手段。课程编排的合理性、课程改革的因素、教师的认知能力与教学技能以及社会对教育的需求等都将影响课程实施的成效。"PIE 课程"属于跨学科课程，和日常教学模式有着很多地方的不同。为有效推进"PIE 课程"，学校构建了 PIE实施模式，虽然有着同样的首字母缩写描述，但每一个字母代表不同的含义。每一个字母都代表着一种实施模式，每一个字母都对应着"PIE 课程"的不同阶段，每一个字母又都对标服务"PIE 课程"。

一、"PIE 课程"的 PIE 实施模式

改革不是一幅蓝图，而是一个旅程。在中国基础教育课程改革的转型期间，提升学生核心素养的过程中离不开项目化学习方式的助力，但也需要一个过程，让学校、教师、学生、家长乃至社会接受它

的存在价值。学校构建的"PIE 课程"从跨学科的角度去研究项目化学习方式带来的变革。

"PIE 课程"定义为 Project（项目化）、Inquiry learning（探究性学习）、Experience（学生的经历与实践）。以三个单词首字母的形式，指向清晰地标识 PIE 课程的本质特征，既关注学生的探究性实践经历，也符合项目化学习的关键特征。项目化课程根据项目的主题内容以及学生实践过程来决定课时的长短，因此在项目推广的每一个课时都要关注到 PIE 课程的特征，如改变授课模式、换位课堂角色、加大合作互助、尊重个性发展，让学生对课堂多一份期待与好奇，也让学生由被动的聆听者转型到团队的参与协作者或团队领衔人。

1. 设计 PIE 模式的缘由

在"PIE 课程"推进中，学生会遭遇到几次三番的试错碰壁，出项的成果也可能不如预期的尽善尽美，甚至会"难产"或"夭折"，但这才是项目化课程开展的真正用意，才是真正回归教学本源。回归到有学生实践的课堂，才能规避"满堂灌"的教师为主的课堂，显示出以学生为主体。回归到为学生选择合适的驱动性问题，才能帮助学生的拓宽视野与综合素养。

《PBL 重新定义学习：项目化学习 15 例》一书中提到：68.75% 的美国 STEM 课程在建构情境中能够结合社会、自然环境等方面的问题和挑战。国内能够体现这一评估细则的课程样本仅为 38.46%。通过调查数据分析，相对比国外的数据，中国近 70% 的案例是在讨论与自我和日常生活、学科知识有关的话题，对社会关切主题涉及较少，说明中国学生对于社会接触的深度和广度不够。

通过对中国知网项目化关键词的高级检索，在初等教育阶段，项目化研究的文献分别是：学科项目化 76 条文献，跨学科项目化 40 条文献，活动化项目化 156 条文献。通过数据汇总，在初等教育阶段，国内项目化研究尚在起步阶段，成果文献的内容并不多，特别是跨学科项目化的研究则更少。项目化的教学方式要走入课堂，走进教师，需要更多的基层学校去尝试开展项目化学习，才能获取更多项目化带来的课程体验与价值认可。

基于调查数据的分析，PIE 课程入驻校园，除了学生动手解决问题的能力和综合素养得到提升以外，还有教师群体也能在参与教学的变革中得到知识能力与教学技能的提升。改变专注单一学科的教学现象，汲取跨学科内容成为知识的"源体"去丰盈课堂的知识原体。

2. PIE 模式的流程与要素

"PIE 课程"作为新型的课程，在日常教学中该如何实施呢？它有没有程序化的教学模式？在经历第一轮"星火"工作室成员的课程实践后，摸索出适合 PIE 课程实施的 PIE 模式。

将 PIE 课程分解成为三个阶段，第一阶段是挑战性问题阶段，它包含驱动性问题特征、团队建设和问题分解（项目方案设计）。第二阶段是项目实施阶段，它包含项目探究过程、项目成果产出和成果修订与完善。第三阶段是项目反思阶段。它包含出项活动（成果展示和评价反思）。将这三个阶段分别对应三个实施模式，分别是 Problem（问题驱动）、Implement（任务执行）、Evaluation（评价赋值），简称 PIE 模式。PIE 实施策略和 PIE 课程的字母组合相同，但是其中赋予的内容却大相径庭。

（1）P（问题驱动）

P 指代 Problem，它是一种问题驱动模式。问题可以是一个大问题下的众多个子问题，也可以是问题环扣的接连预设与生成。挑战性问题的选择要贴近生活，能激发学生独特的学习体验与参与项目实践的主动性。

问题的选择对于课程非常重要，因此要注意问题的选择与引导。驱动性问题贯穿单元学习始终，引出探究线索。一般来说，可提出三类驱动性问题：概念性问题、事实性问题、争议性问题。概念性问题对应关键"跨学科概念"与"跨学科大观念";事实性问题对应关键学科知识;争议性问题由更加开放的哲学性问题或实践性问题构成。根据学生的年段认知选择问题的难易程度。

课程伊始,教师就将抛出一个挑战性问题,一个有效的挑战性问题有利于 PIE 课程的推进。挑战性问题分为本质问题和驱动性问题,本质问题能辨析课程最终的目的是什么,本质问题能帮助教师抽丝剥茧式的追溯实践探究的重点,把握住课程研究的方向。驱动性问题是基于本质问题下的情景导入,将本质问题情趣化地进行描述,激发学生去解答问题、探寻答案的欲望。

例如《旅行中节省的学问》课例中,根据 PIE 模式,首先确定的是本质问题。这课的本质问题是学会应用数值分析对生活实际问题做出正确的选择。随后设计引发学生兴趣的驱动性问题:佘山欢乐谷值国庆欢送之际,推出了畅玩年卡的活动。家住青浦的小胖一家 4 口听闻该消息,决定周末前往体验。小胖通过手机地图查找出 4 条可行路线:包括自驾、公交 + 步行、滴滴快车、出租车。条条大路通罗马,众多选择却让小胖犯了难。如果你是小胖,你会选择哪种出行方案呢?哪种方案最省呢?请你跟同伴一起设计一份最佳出行方案。

又如《会计时的水漏》课例中,它的本质问题是:如何依托工程项目解决生活的问题? 驱动性问题是:有一天,你不经意间穿越到了一千多年前的古代,你发现古代的人民过着日出而作,日入而息的生活,没有钟表等现代社会习以为常的计时工具,主要利用天文现象和流动物质的连续运动来计时,例如,日晷利用日影的方位计时,刻漏和沙漏利用水和沙的流量计时。但是这些计时方式都存在一定的缺点,且造价昂贵。心怀天下的你决定帮助他们,利用身边材料设计一个经济实惠且可复制的计时产品,解决计时的难题!"怎样制作一个可以利用水计时的装置?"接下来,你将要和你同伴一起,共同设计并制作一个会计时的水漏。

精准的本质问题的描述把舵课程的研究重点；有趣的驱动性问题的描述激发学生主动参与课程的能动性，并保持对课程的热情与期待；最终问题的解决则带给学生满满的成就感。

"PIE 课程"利用 P 模式改变了常规"以水济水"的单一课堂样态，"PIE 课程"不是简单教学法的变革，它涉及对知识观的重新理解，对学习关系、话语和实践的重构。但是其难点却又并不在知识点和教学法上，而在于把握课程变革背后的学习科学性，真正将"培育学生成为终身学习者"的目标落到实处。"以水济水"还是水，"以羊易牛"将增加学习的变量，改变传统学习方式，实现项目化学习的价值。

（2）I（任务执行）

I 指代 Implement，它是一种任务执行模式。Implement 做动词时意思是"实施、执行、使生效"，做名词时意思是"工具、器具；手段"等。这里的词性为名词，定义为"任务执行"，是"PIE 课程"第二阶段的主要实施模式。它是保障"PIE 课程"有效实施的重点，它的实施效能将决定教师对于课程的预设是否得以生成，主要存在于项目实施阶段的第二阶段。

第二阶段中包含项目探究、项目成果产出、成果修订与完善。每一个教学环节的切换都需要在完成前一级教学任务的前提下才能继续。Implement 任务执行模式有很多种，最常用的有如下几种：情景模拟再现、动手实践体验、数据统计分析、案例分析指引、问卷调查对比、分级多维评价等，这些策略也在项目过程中交替进行，教师根据学习现状及时调整，为"PIE 课程"的稳步推进提供有力抓手。在这些基础的教学手段之外，"PIE 课程"还增加了育人功能，如爱国主义、传统文化、公民道德等。在《山海经异兽——潮文创》课程中，教师由国外抵制中国的新疆棉花新闻事件引入，在课程中结合对山海经异兽知识的学习认知，来创建中国的国货潮品，建立品牌自信、国货自信。《我为学校代言——制作宣传手册》,通过对学校手册的制作来深度认识自己的学校,让学生拥有学校荣誉感,以校为荣,与校共荣。

"PIE课程"不是学生已有知识与能力的展现,而是知识与能力的再构建,同时也可以成为另一方有待开发的育人学科载体。千江有水千江月,PIE课程的推进,会发现和培养出更多隐形的小"哈姆雷特",也会培养出更多的中华好少年。

(3)E(评价赋值)

E指代Evaluation,它是一种评价赋值模式,主要用于课程第三阶段的出项活动,包括成果展示和评价反思。但由于"PIE课程"几乎没有纸笔测试与教师打分,所以评价赋值模式可以用于各个环节,如第二阶段中可交织运用I和E模式,以I(任务执行)模式为主,E(评价赋值)模式为辅,但第三阶段的出现成果评价着墨更多,E(评价赋值)模式将贯穿整个第三阶段。评价赋值各类数据分析,针对性地改进项目环节,并在新一轮项目实施中迭代升级,改良项目成效。

评价形式有量表评价、语言和肢体评价等。评价量表包括个人评价、同伴互评、小组评价、班级评价、教师评价、综合评价等多元评价方式,便于交叉验证和全面考察,借助评价量表厘清各环节知识要点、记录学生在环节中的不同表现、激励学生积极参与每个环节。语言和肢体评价以正面激励为主,通过相互间一个肯定的眼神、赞许的表情、点赞的手势以及激励的话语,给予学生学习态度充分的鼓励,这也是一个逐步给学生赋能的过程,让学生在实践中承担起学习的责任,发现自己的擅长之处,鼓励个性化发展。

如在《制作手机支架》课程中,从一开始的手机支架的外形设计到原理说明,再到后来3D打印阶段的"实战"操作,我们发现各小组领衔的不全是成绩优异的学生,出现了一定比例的"草根"组长,他们凭借丰富的课外知识储备，或强大的动手实践能力，带领着整个小组去制作与展示手机支架。无论是量表中的数值评价还是肢体评价，都会带给他们舒适的体验与成功的喜悦。"PIE 课程"是知识与能力的再次建构过程，也是这些学生自信心与号召力再次构建的过程。这也是 E 模式的价值所在。

"制作手机支架"是一个真实表现性任务，是学生探究完一个跨学科主题单元后，体现其跨学科理解及核心素养的"产品"；评价标准是"产品"的成功程度和评分高低，教师可与学生一起制定跨学科学习评价标准。每一个子问题任务的推进都配套有一个评价量表。真实表现性任务通过对应的评价量表予以判断任务的达成率；而精准、科学的评价标准也引导与帮助任务的实践推进，为赋能学生的核心素养指明改进的方向。

"PIE 课程"依托小组合作形式开展，在合作中承担起学习的责任，学会互相扶持与配合，以正面、科学、客观的评价去监管课程的实效性和完整性，让学生体会到共同体的社群价值。

PIE 实施模式交织运用于整个"PIE 课程"，又扶植与服务于"PIE 课程"。聚焦问题、实践和评价，突出项目化元素特征，修正项目化实施路径，赋能项目化素养提升。

二、"PIE 课程"实施策略

定位跨学科项目化的"PIE 课程"的课堂更加民主开放，师生活动更加自由灵动学科交融更加便捷高效。服务于"PIE 课程"的 PIE 模式运用于三个不同的阶段，以模式管理促进项目阶段的推进。除此以外，还需要有项目设计策略来帮助课程的细节推进，既能凸显课程本质特征，又能成为课程实施的有效手段，还能帮助教师不断修正项目过程和成果。

（一）打通学科通道，建立跨学科大观念

项目化学习的特征决定了研究问题的复杂性，仅靠单一学科知识是无法解决的。在项目化学习主题框架下，打通学科通道，让多学科基于共同愿景进行融合，有机整合各学科知识与技能，充分联系问题情境，建构跨学科知识网络，以引导学生在探究过程中对事物有立体的、全方位的整体认识。

项目的设计首先需要提出"跨学科概念"，并凝练"跨学科大观念"。提出、理解并探究跨学科主题必不可少的"跨学科概念"，为探究跨学科主题提供"概念视角"。在两个及两个以上的关键"跨学科概念"之间建立联系，形成"跨学科大观念"，即学生探究完本单元后形成的可迁移的能力。以"跨学科大观念"为基础确定单元学习目标。目标由三部分构成：跨学科大观念、关键学科知识、关键学科能力及品格。目标确定要充分依据新课标的相关要求。

（二）关联生活实际，设置驱动性项目任务

项目化学习是一个在真实的生活情境中解决问题的过程。设置驱动性问题与任务是引导学生开展探究学习的基础，也是解决问题过程中以高阶学习带动低阶学习的发力点。驱动性任务要有一定真实性和挑战性，贯穿项目始终，并能引发学生全局性的、策略性的复杂的思考。

源于学生生活的驱动性任务能激发学生参与实践研究的欲望，成为支撑学生克服困难和坚持寻找问题解决方案的动力源泉。成果出项也能让学生尝到解决生活问题的甜头，让"PIE 课程"成为生活问题的好帮手。

（三）提供思维支架，开展持续性探究活动

持续性探究是项目化学习的特征之一。当学生遇到研究困难或研究瓶颈时，教师及时提供思维支架是项目化学习有效实施的基础，也是学生能开展持续性探究活动的有力保障。

教师的身份变为导师，在制定和修正项目过程与成果的同时，他们主持着课程的方向，但不开展全课程的直接授课，更多提供实施方法与技能，并适时提供学科知识的支撑，鼓励过程中学生的思维发散碰撞和实践改进，培育新课标下学生综合素养。

（四）聚焦过程评价，呈现多元化项目成果

"PIE 课程"学习是一个阶段性的探究过程，需要充足的过程性评价以及时反馈学生学习和项目实施的进展。制定过程性评价工具，如项目日志、学习档案袋、项目研究思维导图等，有助于记录学生思维的轨迹，展现深度学习的过程，呈现多元化的项目成果。

在项目实施过程中，及时的评价诊断能帮助教师对学生的学习过程保持着持续性、动态性的跟进与反馈，全面、准确地评价学生在真实任务情境中运用所学知识和经验解决实际问题的能力。

（五）重视回溯反思，探寻可持续优化发展

制定"PIE 课程"评价工具的目的是促进对项目的诊断，以达到优化发展的目的。一个优秀的项目，需要及时、有效的反思反馈，才能让项目在推进过程中不断地变通、改造、优化。因此，阶段性进行项目回溯反思，探寻让项目得以优化发展的研究思路，能确保项目的生命力与可持续发展。

在"PIE 课程"构建过程中，每一个实施项目都经历过至少两轮的实践，每一次实践都会遇到新的问题，项目负责老师也会产生新的想法，不同的学生也有不同的表现。所以，对项目本身的评价、反思、迭代是项目不断完善必需的过程，也是 PIE 课程构建必需的历程。

第三节　课程评价

评价是教师依据教学目标对于教学过程及结果进行价值判断并为教学决策服务的活动,是对教学活动现实的或潜在的价值做出判断的过程。合理设置的教学评价具有激励作用、导向功能、诊断功能、管理功能和鉴定作用,它是课程设计的重要组成部分。美国教育评价专家斯塔弗尔比姆曾指出:课程评价最重要的目的不是为了证明,而是为了改进。

"PIE 课程"是一个较为开放的课程,它和传统的教学有较大的区别。它是学生对于若干个子问题的探索实践,是不断反思、自我建构和自我发展的真实过程。其最后的出项成果并不全是评价的唯一指标和内容。教师的身份是扶持学生推进项目研究的导师,以提供知识支架的形式,引领学生探索的方向。

从时间维度看,评价可以分为过程性评价和终结性评价。过程性评价主要考查学生的认知策略和实践成效,终结性评价主要考查学生最终的学习成果。从学生维度看,评价可以分为表现性评价和发展性评价。表现性评价基于学生在问题解决及项目探究不同阶段中的真实表现,关注学生的深度学习与高阶认知。发展性评价强调在学生发展过程中对学生发展全过程的不断关注。它既重视学生的现在,也考虑学生的过去,更着眼于学生的未来。教师是提升学生发展性指标的重要外力,因此还增补对于教师的评价关注。基于学生整个课程中的综合表现,尊重差异,发展特长。四种形式的叠加评价,关注学生在"PIE 课程"中的学习体验与项目成效。

一、关注学生项目探究过程的评价

(一)项目过程的实践评价

项目过程的实践评价,关注学生整个课程中各个阶段的学习过程、实践体验以及习得的学习经验，不是以最终成果作为评价的唯一内容。它利用不同的评价模式评估 PIE 课程中不同阶段的教学目标是否落实，通过评价量表即时做出阶段性教学诊断，并及时反馈与调整，也是教师在"PIE 课程"初始阶段必备的诊断"神器"。

"PIE 课程"不同于基础型课程，基于课程性质的原因，它的评价范畴宽泛与时间轴较长。新型的课程外加开放的课堂，让有些环节的评价变得不可量化，如有些学生在学习过程中采用不同的学习方式可能导致学习结果存在差异与优劣；有些学生在学习过程中可能出现非教师预期的学业成果；有些学生的学业表现无法在评价量表中体现。尽管这些学业成果有可能不在预期目标内，却能增强学生学习的积极性和丰富学生的学习经验和合作体验。

过程中的实践评价人员包括学生自评、互评、教师评价、专家评价与家长评价等，通过自我评价加外力诊断的方式来了解学生在课程的学业表现。评价方式可以是数据分析表、活动记录表、调查表、访谈表、绘制表等，通过纸笔方式记录评价指标；也可以是师生间、生生间的体态、言语以及表情的非纸笔形式的即时评价。

"PIE 课程"五大领域中，基于学科的科学性与严谨性，在"科学与技术"与"自然与生物"版块中，评价的量化表伴随课程的推进。《牛奶变酸奶的奥秘》课例中，过程性评价成为这个项目化课程的项目"管家"，它设计了 9 组数据记录表和个人评价表、活动评价表。通过各种表单的完成，让学生体会到合作学习的必要性。制作酸奶这一项目任务将原本松散的小组变成了紧密的项目组，大家能围绕项目目标各司其职。在各个活动中，大家会经历不一样的分工，分别担任记录员，交流员，实验员等等，锻炼不同的能力。原本能力强的学生可以更加发挥个人能动性，能力较弱的学生也能够在老师和小组成员的帮助下，根据分工职责有针对性地完成任务，获得成就感与自我效能感。分工合作也保证了活动的顺利开展，课堂上当某个同学交流不够完善时，常会出现小组成员立刻举手补充的情况。项目组成员会通过过程性评价表，对自己和成员的表现进行评价，督促每个成员积极参与活动，认真完成分工任务。

"PIE课程"依托各类评价量表，在项目过程的实践评价中，除了关注学生的学业质量之外，也加大了核心素养之协作共进能力的培养。

（二）学生项目产品的成果评价

出项成果的评价是整个课程评价的一部分，它有逆向评价的特点，教师可以根据项目成果的评价结果逆推课程的开展成效以及学生个体以及群体的表现差异。学生的高阶认知策略、动手实践能力、团队合作协作等都在终结性评价中得以体现。它的评价内容关注以下几个方面：

- 出项成果能否对应驱动性问题的解决？
- 出项成果的作品或展示能否体现学生的实践质量？
- 出项成果中，学生在其中承担的角色权重有多少？
- 在出项成果的结项过程中，是否产生学生高阶能力的迁移？

"以终为始"的终结性评价，能帮助教师在课程初期就厘清驱动性问题与项目成果之间的关联，并伴随整个教学过程。在《会计时的水漏》课例中，终结性评价聚焦能否制作会计时的水漏，对应驱动性问题的解决。教师需要为学生搭建展示平台，通过成果展示或虚拟竞标的方式，鼓励学生分享成功经验以及失败的教训等。项目组代表需要在展示会中清晰表达产品设计，尽可能得到其他小组的认同。同时，其他项目组也可对其产品性能、外形以及展示效果等方面进行评价，互相学习，共同成长。课程是以工程实践为主的课程，学生工程思维的形成并非一蹴而就，需要教师运用有效指导策略，通过一定时间和数量的工程实践，在不断解决工程问题的过程中，逐渐形成并成熟，带动学生高阶能力的提升。学生在问题情境的指引下，经历完整的工程流程，尝试克服工程实践中遇到的问题，不断迭代产品，突破项目目标，逐步掌握运用所学科学知识与技能解决工程实际问题的思路和方法，最后呈现出会计时的水漏的项目作品。

在最终的成果评价环节中，我们能发现一些问题，如项目化学习追求的不是以唯一答案为目的的学习，各项目组对作品的设计应拥有自主选择权和决定权。学生在项目推进过程中需要多学科知识的融汇交合，有些甚至超出教师知识的范畴，这需要教师在问题预设前就应该加大自己相关知识的储备量和动手实践示范能力。

"PIE 课程"依托项目产品的成果评价，能关联课程初期驱动性问题设计的合理性，也能提供更大的平台促进师生整体水平的提升。

二、关注学生多元发展的评价

"PIE 课程"的学习评价是与成果的产生、公开的成果汇报紧密相连的。它设计的评价既有对概念性知识、高阶认知策略的评价，也有低阶基础知识与基本技能的评价。对整个学习实践的整个过程的评价，将引发学生更深层次的学习与理解。

"PIE 课程"的多元发展评价关注以下三个方面：相互交融的评价、育人方式的评价、教师能力的评价。

（一）相互交融的评价

基础性课程采用较多的评价模式是"教—学—评"一体化，把评价作为教学的促进工具。一般指以一节课为单位，将学生的学习行为、教师的教学行为、学习的评价融合为一个整体，使得评价不再游离于教学之外。PIE 课程一般由单课时或者多课时组合而成，多课时的课程犹如一个小型的单元。它的案例构成分为六部分：项目概述、挑战性问题、项目目标、项目实施、出项活动和项目反思。几乎每个部分以及它的分支都可以交织项目的评价，而所有的评价又指向学习的目标，它的评价模式多采用"目标、实践、成果、评价"相互交融的模式。

"PIE 课程"的发展性评价在时间与空间上有较大空间，结合每一个阶段的教学内容框架，针对教学目标、实践目标、成果效能等进行评价，评价内容与教学目标相一致、与实践内容相匹配，与项目成果相挂靠。

（二）育人方式的评价

立德树人是教书育人的真谛。学生是具有独立选择和决断问题认知及行为能力的心智自由者。教师在日常教学中，需要挖掘学科知识的育人价值，培育拥有正确价值观的学生。为党育人，为国育才，努力办好人民满意的教育。这是习近平总书记对教育的殷切期盼。PIE 课程关注育人内容的挖掘与再生，它利用跨学科的独特条件，以开放的姿态，让教师根据驱动性问题进行跨学科知识与能力的整合，有的放矢地进行学科教学和育人教育间的转化。

在艺术与人文领域的《山海经异兽——潮文创》课程中，教师由国外抵制中国的新疆棉花新闻事件引入，在课程中结合对山海经异兽知识的学习认知，来创建中国的国货潮品，建立品牌自信、国货自信！这是一节较为典型的跨学科育人课程，它跨越了美术、历史、道德与法治三门学科。教师将爱国主义的评价镶嵌于整个过程。从单一异兽的想象绘画升级到中国品牌的异兽元素文创用品创造，明晰身为中国炎黄子孙身上必须承担的爱国己任。学生也从原先学科知识的简单搬运工转变成为组合者和创新者。

《大学》中提到：大学之道，在明明德，在亲民，在止于至善。意思是大学的宗旨在于弘扬光明正大的品德，在于使人弃旧图新，在于使人达到最完善的境界。那么在小学生涯中，学校除了让学生热情而有创意地学习与生活之外，更要注重学生的品德教育。依托 PIE 课程强大的跨学科资源，融入各类爱国主义、传统文化、公民道德等，服务国家"人才需求"，实现项目化育人价值。

（三）教师能力的评价

教师能力是决定 PIE 课程发展质量的关键之一，因此在学生的发展性评价里还应关注教师能力的评价。

在教育生涯中，一般而言大部分教师会长期执教一门主要学科至退休，那么少则五年多则十年，特别是在取得职称评定后，教师会出现不同程度的职业倦怠，教学也随之进入教学瓶颈期。

爱因斯坦曾经提出：人的差异在于业余时间。只要知道一个青年怎样度过他的业余时间，就能预言出这个青年的前程怎样。PIE 课程则给教师更多的空间与挑战，鼓励教师尝试教学的新样态。她既要有探索未知的教学领域的兴趣与毅力，也要有尝试新型教学模式的勇气与恒心，打破执教同一学科到终身的教学现状。

"PIE 课程"的设计实施是教学的深水区，需要教师调整原有授课思维与方式。没有固定的教材、没有固定的内容，而开放的资源和空间会倒逼教师探索新的教学形式，学生大量的生成与想法会让教师主动采用与传统教学不一样的方法。当教师开始思考与变化的时候，也带有教学变革的意味，更让教师拓宽了教学边界。PIE 课程的探索实践，让教师在自己的"主业"之外多了一个"副业"，而这个"副业"就会让教师的业余时间增加厚度与深度，也会延缓或突破教师"教学瓶颈"，实现项目化教学价值。

发展性指标里可以增加对教师能力的评价，如：教师的知识储备与新知再习得的知识点量化评价；课例设计中体现项目化特征的评价；项目指导能力的评价等。教师能力的评价在项目化课程中是一个"盲区"，但它却是决定 PIE 课程发展方向、提高学生培育水平的重要掌舵人。利用评价来帮助教师辨析自己的授课能力及课程准备，也帮助教师不断修正课程的进程，确保项目成果的高质量或超质量的完成。

"PIE 课程"的发展性评价需要关注学生发展的当下与未来。而带动对教师的评价能从源头上改善师资力量，更好地服务于学生的未来培育。

三、关注学生个性表现的评价

"PIE 课程"中学生的参与度与调控性一般比其他基础型课程要好一些。但是由于"PIE 课程"有长、短课程之分，在有些长课程的学习中，学生的学习持续时间较长，任务难度较大，对于学生的成果要求也要高于一般的日常课堂。因此，更要细化评价量表优化评价方式，让学生从各类评价诊断个体的表现。

关注学生实践能力的评价不能全部依托单一的表现类评价表，而要使用解释说明类的评价表。通过说明类评价表的指标能十分清晰地知道学生个体对于教学目标的知晓率、高阶能力的达成度、学习实践的完成率等。

例如"数字与生活"主题下《旅游中节省的学问》课例中，教师设计了较为清晰的分层评价内容，评价主体分为自我与同伴；评价维度分为概念、技能和价值观；评价标准分为三层，以说明评价表的形式外加星星量化值的形式帮助学生从评价的角度知晓自己的表现情况以及对教学目标的再次对标。

表 1-3 《旅游中节省的学问》项目学习评价表

评价主体	评价维度	评价标准			达成情况
		★	★★	★★★	
自我	概念	知道出行可以有各种不同的方式，初步了解各种方式的优缺点。	了解从个人角度的出行成本，包括时间成本、金钱成本、精力成本等。	除认识个人角度的时间成本、金钱成本、精力成本以外，还能认识到从社会角度出发的环保成本，并引起足够的重视。	
自我	技能	根据个人喜好进行选择。	通过计算各类成本，有依据地进行选择。	能根据不同的情况，进行综合考虑，再进行选择。	
同伴	价值观	只从个人角度出发，选择节省的方案出行。	能考虑到环保等因素，但还是决定最节省的出行方案。	会把社会角度作为一个重要因素来考虑，从社会与个人角度相结合来作出决策。	

　　《牛奶变酸奶的奥秘》课例中，教师设计了三个维度的评价表，分别对应学习兴趣、学习习惯和学业成果的评价，分为三级评价标准，评价标准以说明类量表形式开展，内容较为充实，师生可以依据量化。

表 1-4 《牛奶变酸奶的奥秘》项目学习评价表

评价主体	评价维度	评价标准			达成情况
		★	★★	★★★	
自我	学习兴趣	想了解牛奶变成酸奶的原因。	想了解牛奶变成酸奶的原因，并能主动参与课程讨论等活动。	想了解牛奶变成酸奶的原因，主动参与课堂活动。并愿意探究其他与食品有关的微生物。	
同伴	学习习惯	能进行观察、设计方案等活动，但组内没有分工。	能和同伴一起进行观察、设计方案等活动，有分工但不够明确。	能和同伴一起进行观察、设计方案等活动，小组分工明确，都能够按照分工进行自己的任务。	
教师	学业成果	能说出酸奶的形成需要乳酸菌的作用。并能列举乳酸菌生长需要的条件。	能说出酸奶的形成需要乳酸菌的作用。并能列举酸奶生长需要的条件。	能说出酸奶的形成需要乳酸菌的作用。并能列举乳酸菌生长需要的条件，并能完成实验方案的设计。	

　　"PIE 课程"依托表现性评价，明晰项目评价目标，把握知识内省时机，帮助学生进行深度学习与高阶认知，使得评价成为一种自然习得的过程。

第二章 数字与生活

　　我们的生活需要与数字打交道，对数字的合理运用有助于改善生活品质，提升生活中的愉悦感受与幸福指数。生活中关于数字的问题有很多，如菜市场中的物价比较、地铁站的发车时间、买新房时的面积测算、旅游过程中的系列攻略、国家人口出生率的变化等等，小到柴米油盐，大到国家大事都与数字有着千丝万缕的关联。数字是一串枯燥的符号，如何让它成为一段跳动的音符？我们要学会分析数字背后的故事，利用数字的计算来解决生活中的问题，让生活变得便利与精彩。

　　"数字与生活"课程聚焦从数字角度看问题，运用学科知识和经验解决生活中的实际问题，在实践活动中引导学生动用多种感官，通过观察、测量、调查、实验等方式，让学生先想想、做做、交流，有困难时再想想、做做、交流，通过教师的适当引导，在不断解决问题的过程中完善策略，提升思维的广度与深度，从而进一步培养学生解决实际问题的能力，树立解决问题的信心。

　　与数字关联紧密的学科是数学，但很多基础型学科也都有与数字内容有关的教学内容，例如自然学科中实验数值的记录；英语学科中用数字表述的年份、长度、地址等；体育学科中关于技能训练有效率的测算等，这些都可以成为驱动性问题的来源。但现状是仅有数学课对于数字显示较多的关注与研究，其余学科对于课程中出现的数字内容或问题，因为和学科本体知识没有必然的关联，教师一般都不会深入挖掘，错过了学科中关于数字的教学研究，也忽视了学科中数字与生活的联系。

"数字与生活"课程在跨学科项目化课程学习框架下，打通学科通道，让学科知识基于共同愿景进行融合；充分联系问题情境，建构学科知识网络，以引导学生在探究过程中对事物有立体的、全方位的认识。"数字与生活"课程包含五个年级 10 个学期，每学期设计两个与数字有关的项目课程，每一个学习主题都根据学生年龄与心智特点展开设计，每个项目课程均含有数字元素。（表 2-1）

表 2-1　1—5 年级"数字与生活"课程主题及其内容

年级	主　题	内　容
一	硬币为什么是圆的	货币有哪些种类？圆形的特征是什么？认识用圆形来制作硬币，是因为圆形物体不易磨损，没有角不易划破口袋及钱夹，节省制作材料。
	未来钟表设计师	钟面的构成要素有哪些？制作钟面时制作材料的选择（废物回收利用），钟面设计创意、美化等。根据钟表拟定自己的一天时间安排，学习做时间的小主人。
二	校园植物大排摸	统计表和统计图的构成要素有哪些？认识校园植物，制作统计表，画条形统计图，给校园植物养护提建议。
	东南西北有讲究	如何确定东南西北四个方位？方位在生活中的应用有哪些？数学文化渗透：中国古代风水地理金木水火土与青龙、白虎、朱雀、玄武，建筑坐北朝南。
三	自制生日皇冠	测量周长的方法量头围，轴对称图形设计帽子图案，色彩搭配，材料的选择轻便耐用易携带，评比统计。
	文具促销员	了解利润背后的数学原理，即利润是如何产生的？从商业运营的角度做出定价和促销方案设计，达成"赚钱目标"。怎样计算收益，对比收益，随后通过推算设计一份文具店促销方案。

（续表）

年级	主 题	内 容
四	小小精算师	在学习完小数运算后，让学生走进商场，调查一下促销方式的种类，算一算想买的商品能省多少钱，通过计算找到最划算的促销方式，使学生学会精打细算。
	设计文化墙	什么是文化墙？文化墙的基本要素？怎么设计文化墙？这些问题中"怎么设计文化墙"需要综合运用数学学科长方形的周长面积计算、语文学科确定主题内容、美术学科布局及美化等来进行文化墙设计。
五	旅行中节省的学问	"去佘山欢乐谷玩"的乘车方案都有哪些？分析不同的路线方案，找出在费用和时间两项最"省"的乘车路线，并基于此再考虑交通工具的环保性从而做出最优选择。
	无人机快递——安全的包裹	选择生活中可回收再利用的材料，设计包裹"保护"方案，探究让包裹从一定高度落下而不损坏里面货物的方法。

　　"数字与生活"课程主要采用 PIE 模式推进。项目伊始，采用"P模式"（Problem），注重问题驱动。结合学生生活中对数字的好奇与疑惑，或者是社会现象与网络热点中关于数字的问题，在数字主题下进行问题的探究与解决方法的寻找。给学生提供充足的时间和空间，让学生在项目化活动中感受和理解数字，学生在经历观察、实践、思考、合作的过程中探索解决问题的方法，获得成功的体验，激发他们更热情、更自由、更富有创造力地投入对生活中数字知识的探索。第二阶段，采用"I模式"（Implement），侧重任务执行。学生经历整个项目研究过程，在问题的驱动下设计解决问题的步骤和程序，采用恰当的工具进行实践，并且自行动手模拟情境、实践体验、统计数据等等，有秩序、有创造力地持续完成一个个任务节点。如设计一条合适的去超市的路线。就需要学生调动其任务执行能力，模拟问题情境，根据不同交通工具的所耗时间、行驶路线、行驶成本、突发状况等数值的综合比较，选择最佳方案。其中在问题的驱动下采取的所有为达

成目的的行动，都需要学生智慧和创造能力的参与。第三阶段采用"E 模式"（Evaluation），进行项目成果的展示与评价。使用 PIE 模式实施"数字与生活"课程具有明显的优势与成效，它关注学生学习观念和学习方式的转变。

对一个合理而有趣的"刚需"问题的研究，能真实帮助解决学生生活中的疑难问题，让学生体会到生活中数字存在的意义，更让学生做一个善于观察、敢于探寻数字与生活故事的有心人。

数字来源于生活，数字又服务于生活。"数字与生活"课程将抽象的数字与真实的生活进行密切融合，充分呈现数字是如何从生活中来，又如何影响着生活的方方面面。以科学的态度探秘生活，让生活数字化有无限可能！

智慧呈现

"旅行中节省的学问"跨学科项目化学习案例

——上海市松江区泗泾第五小学　郝　倩

一、项目概述

《义务教育数学课程标准（2022 年版）》提到了对数学课程教育目标的要求，"会用数学的眼光观察现实世界""会用数学的思维思考现实世界""会用数学的语言表达现实世界"。可见，数学素养的培养对学生来说至关重要。本项目的大概念是"优化"数学思想方法的理解与应用，通过数学上的分析、运算，帮助学生选择最优方案，从而培养学生的设计与规划能力。

本项目以沪教版小学数学四下《方案设计》为基础，设计了《旅游中节省的学问》这一系列主题。研究内容分别为：（1）路线问题（2）购票问题（3）环保问题三个版块，共计 5 课时。该课适用于小学高年级段的教学，主要涉及数学、信息技术、道德与法治三门学科的应用。主要运用小学数学中分段计算教学来解决旅游中路线和购票问题。以生活为原点，以课堂为起点，以优化选择为支点，用全局性的视野让学生围绕"怎样做最省"问题思考，帮助学生在问题的驱动下执行任务，提出合理的解决方案。

通过创设"去佘山欢乐谷玩"的情景，建构真实的"学习场"，提出"怎样做才能最省"的驱动性问题，引导孩子们分析不同的路线方案，找出在费用和时间两方面最"省"的乘车路线，让学生在日常生活中感受省钱省时学问的基础上，对"省"产生理性辩证的思考，优化教育入而无痕。

二、挑战性问题

（一）本质问题

学会应用数值分析对生活实际问题做出最优选择。

（二）驱动性问题

佘山欢乐谷值国庆欢送之际，推出了畅玩年卡的活动。家住青浦的小胖一家 4 口听闻该消息，决定周末前往体验。小胖通过手机地图查找出 4 种可行方案：包括自驾、公交 + 步行、滴滴快车、出租车。条条大路通罗马，众多选择却让小胖犯了难。如果你是小胖，你会选择哪种出行方案呢？哪种方案最省呢？请你跟同伴一起设计一份最佳出行方案。

（三）项目目标

1. 知识与能力目标

（1）学习分段计算，并能在路线的选择中运用。

（2）初步理解小数除以整数的计算方法，会利用竖式计算小数除以整数。

（3）在探索小数除法中培养学生类推能力；在处理表格数据的过程中，培养学生的数据分析能力。

（4）通过数学分析，以量化的形式了解汽车尾气的排放量，丰富学生对出行成本的认识。

（5）通过省钱、省时一直到省精力、省资源的讨论，激发学生的社会情感和行为，培养学生节约资源的道德理念和环保意识。

2. 高阶认知

（1）调研：项目实施的过程为学生提供了一次资料收集、实地调查的机会，让学生更加了解社会中的交通行业，并为日后的问题解决提供经验。

（2）系统分析：通过数学分析，了解生活中不同的出行方式产生的各类成本。

（3）决策：了解路线方案设计的基本步骤，提高学生解决实际问题的能力。项目实施的过程为学生提供了一次完整的学习方案设计的机会。

（4）问题解决：通过经历旅游路线选择的全过程，引导学生建立全局性理解，为解决生活中遇到的此类问题提供思考和决策方向。

3. 学习素养

（1）探究性实践：围绕驱动性问题，澄清解决问题必要的数学条件和步骤；形成问题解决方案；通过调查得到数据，分析和解释数据；对方案进行合理的解释，表达自己的观点。

（2）调控性实践：制定问题解决的方案；反思问题解决步骤和选择的合理性。

（3）社会性实践：分成项目小组，形成小组分工和职责表；积极倾听他人的观点并给出回应。

（4）审美性实践：通过对竞选标书、海报或 PPT 的创作，发展审美能力。

三、项目准备

1. 项目表单

（1）"旅行中节省的学问"项目化学习活动学生分组任务单

（2）"旅行中节省的学问"项目化学习活动学生选择意向单

（3）"旅行中节省的学问"项目化学习活动实验调查设计表

（4）"旅行中节省的学问"项目化学习活动学生系列评价表

2. 学习材料

小组分组任务分工表、个人及小组出行选择意向单、公交车和汽车的尾气排放实验调查设计表、项目学习评价表。

四、项目实施

（一）第一阶段：P（问题驱动）

1. 驱动性问题的提出

有效的学习应围绕真实的问题，同时在真实的社会情境中发生。我们从生活实际出发，合理创设情境，带学生入境学习。项目以到学生们熟悉的佘山欢乐谷游玩为情境，通过手机地图查找出 4 种可行方案：包括自驾、公交 + 步行、滴滴快车、出租车，引发选择需求：你认为哪种方案最省呢？以怎么样做最省为驱动问题，引导孩子们分析讨论最优方案。

《旅游中节省的学问》项目的本质是"用数据来支持决策"，驱动性问题是"怎样做最省"。在这里，"省"给了学生四个维度的全局性思考和挑战：一是"省钱"；二是"省时"；三是"省精力"，四是"省资源"。

课堂上，"省钱"和"省时"可以通过计算来解决，可以为做出准确的选择提供解决问题的工具。"省精力"也可以通过讨论，仁者见仁智者见智；而恒久的"省资源"问题，可以引发学生的思考，激发学生的社会情感和行为，培养学生节约资源的道德理念。

2. 组建项目团队

此项目采用 4 人小组探究方式，将学生分成 11 个小组进行项目学习及挑战，对驱动问题进行初步讨论。以小组为单位，代表上台分享讨论结果。通过将学生分组，动员组内同学一起发挥力量解决困难，让团队形成合作互助的氛围，为接下来的挑战做好准备。

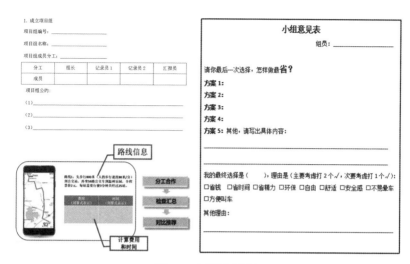

图 2-1　入项活动设计

3．项目方案设计

（1）入项活动。提出"旅游中怎样做最省"的问题。

（2）学习实践一。①查询路线：利用手机地图功能查询出多条可行路线，得到时间和费用的数据；②数据处理：出租车分段计费问题；③对比分析：以钱和时间为主要考虑因素，找出最省的路线。

（3）学习实践二。同学们先在课后调查不同汽车尾气排放量。

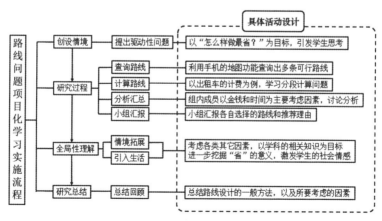

图 2-2　实施流程图

①数据处理：利用小数除法计算两种车的人均排量；②小组讨论：根据人均尾气排放量的数据，找出最省资源的路线；③综合分析：综合省钱、省时、省资源以及便利等因素，做出最优方案。

（4）成果汇报。以海报、研究报告、数学小论文等形式形成标书展现本组设计的方案。

（二）第二阶段：I（任务执行）

1. 项目探究过程

（1）子问题 1：家住青浦的小明一家四口去欢乐谷玩，你会选择哪条路线呢？几种方案，"怎么做最省？"

表 2-2　路线方案

方案 1：先步行 800 米（步行速度约 80 米每分钟）到公交站，再坐 59 路到欢乐谷，全程票价每人 2 元，每站行驶 3 分钟，共经过 25 站。	方案 2：坐出租车到欢乐谷。全程共 11 千米，需行驶 25 分钟。出租车计费如下：4 千米以内 11 元，超过 4 千米的部分，每千米按照 2 元计费。
方案 3：自驾到欢乐谷。每千米油费 1 元，全程共 11 千米，需行驶 25 分钟，停车费 20 元。	方案 4：滴滴打车，价格 10 元，10 分钟到万象城，再坐 59 路到欢乐谷，每站需要行驶 3 分钟，经过 10 站，票价每人 2 元。

路线选择理由

第一次学生个人选择，如图 2-3，选择方案 4 自驾最多。理由主要集中在自由舒适、有安全感。方案 2 出租车没有人选。其他方案理由提到省钱、不容易晕车、方便等。也有同学提到滴滴出事的新闻，有安全隐患。这样的选择结果体现了学生的现有认知，他们对于出行方式的选择更多是从亲身的体会出发，选择让自己最熟悉方便的方式。只有极个别的孩子考虑到了省钱这个概念，也说明了学生对出行的成本认知不足。

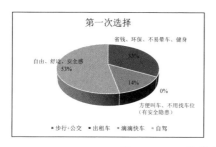 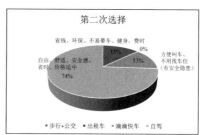

图 2-3、2-4　路线方案的两次选择饼图

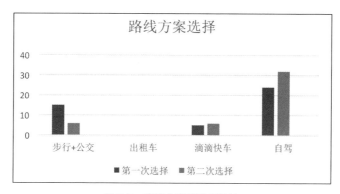

图 2-5　路线方案的选择比较

基于数据分析，第二次选择，学生开始从时间信息和费用信息考虑问题。如图 2-4，可以看到选择方案 4 的同学更多了。因为他们发现还有省时且费用适中的优点。而选择方案 1 的人数明显变少了，因为他们发现了坐公交非常费时的缺点。而其他的选择基本不变。如

图 2-5，前后两次选择相比较，学生的认知提升了，他们开始学会数学分析问题，使用分段计算去解决问题，通过数据比较，选择最"省"的出行方式。

（2）子问题 2："低碳出行，多坐公共交通"，为什么坐公共交通是低碳的？

在第一课时学习认知的基础上，学生的回答大多是汽车的尾气排放。都关注出行对社会造成的成本，关注点在环保。为什么公共交通是低碳？公共交通的尾气排放是多少？这些问题很自然引导学生去调查生活中的尾气排放情况。

学生实际调查过程中，需借助统计量表（复式统计表）。但在设计过程中，学生发现要知道汽车和公交车谁的污染更严重，需要比较人均尾气排量。因此，学生进行小组讨论，设计详细的调查表，最后各个小组上台汇报"小组调查单"的设计，最终确定了一份合理的调查表。

表 2-3　尾气排放调查表

1. 根据问题，小组讨论"调查表"的制定和设计。

汽车类型	汽车排量 （升）	荷载人数 （人）
小轿车		
公交车		

2. 小组讨论设计详细的调查表，结合已学的统计量表（复式统计表），最终确定一份合理的调查表。

	汽车类型	汽车排量（升）	荷载人数（人）	人均排量（升／人）
正常情况	轿车			
	公交车			
满载情况	轿车			
	公交车			

（3）子问题3：如何计算与分析交通工具的尾气排放量？

现实生活中不能只考虑时间成本和费用成本，我们往往还要考虑到许多其他因素，比如环保、舒适度、方便程度、等车时间等等。

在之前的环节学生从钱和时间的角度找到了所谓的"最优方案"，本环节的目的就是让学生去打破自己建立的狭隘的最优概念。让他们从现实生活出发，从多元的角度去思考，考虑各种其他的因素选择他认为的最好的方案。学生经历先破再立的过程，不但让学生学会用理性的眼光看待问题，还让学生从感性的角度，以一个文明的社会人的方式去看待问题，让选择更具情感，更有道德。

通过排量的计算与分析，学生直观体会尾气的排放量，深刻体会到汽车尾气对环境造成的污染，在一系列数学计算应用过程中，学会用"省"的全局性理解，做一次合理的选择出行方式，学会应用自身知识体系对生活实际问题做出明确的判断力和果断的决策力。

表2-4　尾气排放调查表

	汽车类型	汽车排量（升）	荷载人数（人）	人均排量（升／人）
正常情况	轿车	0.6	36	27000
	公交车	3.6	70	315000
满载情况	轿车	1.8	36	81000
	公交车	3.6	70	325000

2. 成果修订与完善

团体成果设计为：团队分工策划一份路线选择方案。具体要求：

（1）形成一份路线选择方案，包括路线选择的依据及策略；（2）作出建议采用这条路线的分析和说明。要求所做出的分析和说明能从多方面的角度，运用多种方式将选择理由转化为人们可以感知的量，并且运用图片、表格等多样的方式，图文并茂地表明自己的观点。

（三）第三阶段：E（评价赋值）

1. 项目成果展示

鉴于学生们出项成果的多元，展示会成果发布方式也呈现多元化。现场展示会以"招标"活动开始，首先孩子们精心准备了"标书"现场展示，与全班同学一起分享，进行了公开的成果竞标。

"标书"形式多样，如用数学观点表达的倡议书、数据分析图表呈现的 PPT，"省"主题海报，还有一些使用了研究报告、数学小论文等形式展现本组的设计方案。至此，学生在项目化学习过程中经历了数学、信息技术、道德与法治三门学科的综合应用，培养了应用自

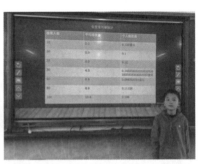

图 2-6　出项成果演示

身知识体系对生活实际问题做出明确的判断力和果断的决策力。

2. **出项评价**

该项目从贴近生活的旅游情境出发，并用手机地图软件查询出行路线，充分展现情境的真实性，有效地调动了学生参与学习的积极性。而驱动问题"怎样做最省？"是一个开放的问题，可以从金钱、时间一直到资源等角度思考，给予学生极大的探究空间。学生在整个项目的参与过程中，对该问题一直保持着较高的热情，不断地有新的想法和观点冲击大脑，推动了整个项目的有效开展。

"怎样做最省？"中的"省"给了学生三个维度的全局性思考和挑战：一是"省钱"；二是"省时"；三是"省资源"。学生的认知是一个持续发展的变数，几次课的逐步递进，学生从只按喜好选择出行方式到慢慢去了解时间、路程、花费之间的关系，再做判断，还会由个人层面渐渐提升到社会层面去关注"环保"问题，甚至还会考虑堵车、人数、天气等多种因素，可见，虽然学生个体存在一定的差异，但是每一个学生在项目化学习中都惊喜生长，他们的认知发展是清晰可见的，因此我给予的评价不仅仅限于一节课的评价，更要从学生微项目课程学习中的成长出发进行全局评价。

项目最后的团体成果展示中，可增加"运用多种方式形象简洁地表明自己的观点"；实践与评价部分也应当包括"技术性实践"，如利用PPT、思维导图等说明和论证自己的观点。

本项目着眼于学生视角下的学习评价，除了关注对学生主体进行全程评价外，还以学生的反馈来改进本项目学习设计的流程：我们是怎样一步一步完成这个项目的？我们在项目中有哪些重大发现？我们遇到了哪些困难？哪个环节难度较大，需要老师提供怎样的帮助等。在评价环节增加学生主体对项目化学习内容和形式等方面的评价，以期在科学有效地评估项目化学习质量方面有所突破，也为本项目化学习的二次迭代提供依据。

表 2-5 《旅行中节省的学问》项目学习评价表

评价主体	评价维度	评价标准			达成情况
		★	★★	★★★	
自我	认知	知道出行可以有各种不同的方式，初步了解各种方式的优缺点。	了解从个人角度的出行成本，包括时间成本、金钱成本、精力成本等。	除了认识从个人角度的时间成本、金钱成本、精力成本以外，还能认识到从社会角度出发的环境成本，并引起足够的重视。	
自我	技能	根据个人喜好进行选择。	通过计算各类成本，有依据地进行选择。	能根据不同的情况，进行综合考虑，再进行选择。	
同伴	价值观	只从个人角度出发，选择省时的方案进行出行。	能考虑到环保因素，但还是决定以个人的利益为优先，选择较省的方案。	会把社会角度作为一个重要因素来考虑，从社会和个人角度相结合来做出决策。	

（注：达成评价标准就可以在"达成情况"中填入相应的星星数。）

我一共获得了＿＿＿＿＿＿颗星（满星 9 星）

反思与总结成果的自我评价

（1）我们是怎样一步一步完成这个项目的？

（2）我们在项目中有哪些重大发现？请举实例说明。

（3）我们遇到了哪些困难？请举例子来说明。

（4）汇报的形式可具多样性，你们小组预设的汇报形式是怎样的？如何分工？

五、项目反思

（一）经验总结

1. 确定核心概念目标，构建真实学习情境

本项目聚焦"数字与生活"主题，利用数学学科元素来寻求生活问题的最佳答案。数学中的核心知识主要是指重要的学科概念，以及这些学科概念相关的基础知识和技能。《义务教育数学课程标准（2022年版）》提出了十个核心概念，本案例主要涉及其中的推理和运算能

力，学习重点是对小数除法和分段计费的理解与应用。项目化学习更为综合地反映这些计算的场景，每个小组需要考虑不同路线方案的时间成本、金钱预估。学生在生活化情境中计算时间、路费，经历数学解决的过程和对数学概念的理解，最后产生创造性的数学理解的成果。

2. 设计复杂数学问题，寻求多元解决方式

"I 模式"（Implement）推进整个项目实施环节，从"旅行中节省的学问"这个大问题出发，继而衍生出多个子问题，通过多个子问题的演算求证，选择最优化的方案。

我们知道方案优化选择这个概念涉及生活中的方方面面，许多学生不能理解优化的原理，部分学生把选择等同于凭个人喜好，究其原因是生活经验的缺乏。

如果在传统数学课堂中，这个概念可能会被强行灌输给学生，问题解决最终只停留于时间或成本的单方面计算。但生活领域的问题远比课堂中结构化的问题复杂，我们要探讨的是如何将这个数学知识置于现实世界，锻炼学生整体数学思维和决策能力，路线方案选择，本质是让学生学会应用自身知识体系对生活实际问题做出明确的判断和果断的决策。本项目借助若干个问题的验证、思考，加强对数学概念的认识，从简单的数字测算中，增加考虑生活环境的影响，也让学生多了一份环境维护的责任感。

3. 设计公开成果展，搭建数学表达舞台

创建一个公开的成果展往往会给学生留下终生难忘的印象。本案例的出项活动部分就设计了两个成果展示活动——"出行方案"的评审和实施。

第三阶段采用"E 模式"（Evaluation），关注出项成果的评价赋值。公开的成果展示让学生的学习变得更有动力，回顾自己的项目历程可以让知识变得可视化和便于讨论。数学表达的舞台不限于解题和计算公式，还可以给个人和团队提供更有趣的舞台。我们鼓励学生运

用画图表达数学概念，合理推算得出数学结论，艺术化的包装方案凸显真实的数学问题。这些数学表达方式，更有仪式感和获得感。

（二）问题改进

生活离不开数字，而数字又可以改良生活。单调的数字经过 PIE 课程的问题设计后，会增加学生对于数字的运用与研究的乐趣。

本课程以数字测算贯穿全程，围绕行程经费、时间成本以及繁琐的尾气排放测算等，学生通过一轮一轮的测算结果，结合节省这个主题背景，产出合理的出项成果。但是本课选择的地点就在上海市，故各类数据间的差异值并不大，说服力不强。为使得结果更加明显，教师应该把地点改至上海市以外的其他省份或国家，这样的情境更有代入感与新鲜感，也一定程度上更加考验学生对于数据的测算求证能力。

"无人机快递——安全的包裹"跨学科项目化学习案例
——上海市松江区泗泾第五小学　陆文浩

一、项目概述

当今社会，网络购物的发展正一定程度上影响着大众的生活方式，对于快递，配送市场有着非常大的需求。目前网络购物消费群体在购物领域中占据比重大，快递配送的人员与货物数量比例失衡，运用无人机配送快递的尝试能够非常明显地应对以往快递配送时所出现的一些问题，比如在双十一期间快递订单量的猛然剧增，偏远山区、道路不畅、无人区的配送困难等等。利用这一配送方式能够提升快递的投递效率和服务质量，缓解快递需求与快递服务能力之间的矛盾。一款安全高质量的快递包裹能在无人机的搭载下顺利送达目标地点，学生对于这款包裹的设计和制作产生了浓厚的兴趣，并提出相关问题：设计一款怎样的快递包裹既能够在运输过程中保持稳定，又能够确保在快递投放时不损坏包裹内的货物？基于这个真实的情境问题，带领学生进行实践探究活动。

　　学生学习过远东版自然一年级第二学期第五单元"身边的材料"，知道生活中存在很多可以回收再利用的材料，并在劳动与技术四年级第一学期第一单元学习了"制作包装盒"，对于包裹的防撞、稳定性、空间利用具备一定的经验和技能基础；同时学生通过学习学习远东版自然二年级第二学期第七单元"让球同时落下"、四年级第二学期第三单元"自然界中的力"和五年级第一学期第五单元"平衡"等相关联的知识后，知道物体下落的快慢和物体本身的重量没有直接关系，而通过放大接触面的面积可以增强对受力物体的空气阻力、扩大支持面大小、合理设置重心的高低能够帮助物体维持良好的稳定性。

　　四年级的学生开始具备主动进行探究式学习的能力，以前听不懂、看不懂的一些知识，现在可以很快地搞明白，知识增长速度明显加快。学生有自己的想法，也愿意和其他同伴交流分享自己的创意，但是许多学生在学习过程中，缺少动手实践、在做中学的机会，缺乏综合运用各学科知识解决现实问题的意识，科学探究能力、技术与工程实践能力、自主学习能力较薄弱。

　　根据上述，我设计了"无人机快递——安全的包裹"项目化学习活动，希望学生在一系列的学习和实践活动后，获得知识、技能、素养的发展，培养思维品质和动手能力。本项目主要涉及的学科有数学、自然、科学与技术、劳动与技术。

　　二、挑战性问题

　　（一）本质问题

　　如何利用工程设计解决生活实际问题？

　　（二）驱动性问题

　　为预防地震、泥石流等自然灾害导致救援物资难以通过陆路运输进入受灾地区的情况，快递公司面向包裹设计公司进行安全包裹设计的公开招标活动。现在你是一家包裹设计公司的设计师，为了防止在无人机运输快递过程中因为一些不可抗力因素导致货物脱落的情况，需要你设计的包裹能够实现从 20 米高度（无人机快递运输的安全高度）落下，不损坏包裹内的货物（如鸡蛋）。

三、项目目标

1. **知识与能力目标**

（1）通过对快递包裹下落的实验探究，了解自由落体运动、认识空气阻力和借助空气阻力减缓下落速度的方法。

（2）知道包裹的作用，对材料回收再利用，通过对包裹材料的实验和分析对比，了解缓存原理、气垫原理。

（3）学习自然科学知识，建立学科联系，掌握设计技能，提升就实际问题进行科学探究的能力和解决问题的实践活动能力。

（4）通过比较、分类、实验等方法，依据现有模型整理材料和数据，并运用实验数据对探究问题做出合理的解释，具有对身边事物的探究兴趣，体验自然与实际生活的密切联系。

2. **高阶认知**

（1）问题解决：解决"怎样设计一款安全的快递包裹？"的现实问题。

（2）决策：对快递包裹的设计、材料种类等内容进行合理的选择。

（3）创见：设计快递包裹模型的方案，进行快递包裹下落安全性的探究实验。

（4）系统分析：对快递包裹的安全性能（包裹内货物的损坏程度）进行实验观察和分析。

3. **学习素养**

（1）探究性实践：围绕驱动性问题，设计并制作一个快递包裹模型，分析影响包裹下落稳定性和安全性的因素，运用实验探究法和对比研究法进行探究，经历提出问题与做出假设、分析影响因素、实验对比、解释问题、表达交流等科学探究过程。

（2）技术性实践：解决初步设计的包裹稳定性差、货物损坏严重的情况。

（3）调控性实践：积极参与、有计划地完成项目，遵守项目组公约，小组合作探究，不断完善设计方案并进行实验探究，改进包裹模型。

（4）社会性实践：根据设计和实验，制作一个安全稳定的包裹模型，展示包裹模型，对自己和同伴的学习过程和成果进行评价。

四、项目准备

1. 项目表单

（1）"无人机快递"包裹设计竞标书

（2）各小组第一次实验测试统计表

（3）各小组最终实验测试统计表

（4）项目化学习小组评价表

（5）项目化学习个人整体学习情况评价表

2. 学习材料

测试用鸡蛋、剪刀、美工刀、直尺、记号笔、单面胶带、双面胶带、胶水、塑料纸、泡沫板、纸箱、纸盒、竹签、绳子、吸管、塑料袋、薄膜、彩色铅笔、彩色水笔、彩色卡纸等。

五、项目实施

（一）第一阶段：P（问题驱动）

1. 驱动性问题的提出

为预防地震、泥石流等自然灾害导致救援物资难以通过陆路运输进入受灾地区的情况，快递公司面向包裹设计公司进行安全包裹设计的公开招标活动：为了防止在无人机运输快递过程中因为一些不可抗力因素导致货物脱落的情况，需要设计的包裹能够实现从 20 米高度（无人机快递运输的安全高度）落下，不损坏包裹内的货物（4 颗鸡蛋）。学生各抒己见，提出自己的想法，教师提出一个驱动性问题"怎样制作一个安全稳定的快递包裹？"学生们在情境中，以问题为驱动，激发学生主动参与项目的积极性。

2. 组建项目团队

每个班级按照每组 6—7 人的成员数量分成 6 组，成立项目学习小组（如图 2-7 所示）。

图 2-7   成立项目组

教师制定了成立项目组的包裹设计竞标书（如表 2-6 所示），明确了组内成员的分工、项目组公约，在探究的不同阶段会轮流担任记录员、制作员、实验员和展示员等工作。

表 2-6   项目组信息表

包裹设计竞标书

设计公司名称 _____

项目组成员分工：

记录员	制作员		实验员	展示员

项目组公约：

（1）_____

（2）_____

（3）_____

各项目组通过组内讨论商议，以举手表决的形式确定各项目小组的名称（设计公司名称），确定团队名称是项目组建设的必要环节，能直接反映一个团队的凝聚力和精神面貌，对形成团队意识，构建团队文化十分重要（如图 2-8 所示）。

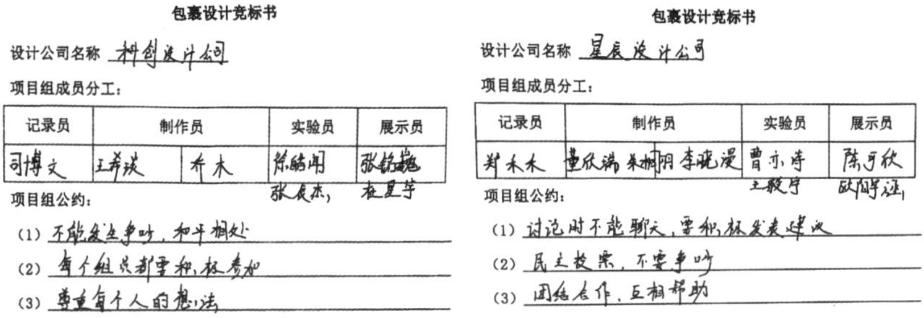

图 2-8　项目组信息表

3. 项目方案设计

项目最终成果是一个可以维持货物稳定性和安全性的包裹模型，学生在入项以后，在驱动性问题的引导下，首先对这一项目进行充分的讨论，产生更多的问题，例如：包裹在下落过程中怎么才能保持稳定而不翻滚？怎样确保包裹里的货物放得尽可能多而不损坏？制作的包裹应该选择哪些合适的材料呢？如果制作一个降落伞绑在包裹上，怎样设计呢？不同学生提出不同问题和解决方法，在思维碰撞过程中教师梳理这些实际问题（如表 2-7 项目规划表所示），并根据这些问题进行实验对比。

表 2-7　项目进度规划表

周次	问题链（子任务）	标志成果
1	成立项目小组、明确探究的问题	完成小组信息表
2	探究问题：如何保证包裹下落的稳定性	完成包裹外部设计方案
3	探究问题：怎样保护货物不受损坏、如何测试包裹性能	完成包裹内部设计方案
4	根据设计方案制作包裹	完成包裹的制作
5	包裹测试、改进设计	完成第一次测试数据填写和原方案改进
6	二次测试	确定最终成果和测试成绩

　　明确达成各子任务的标志成果（如图 2-9 所示），以及在完成各
阶段任务过程中可能遇到的问题例如作品的二次设计，原方案的修改
等，将整个学习过程梳理清晰。

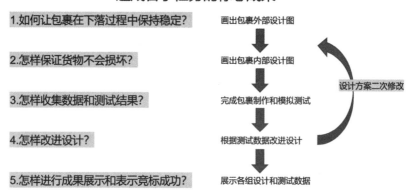

图 2-9　达成各子任务的标志成果

（二）第二阶段：I（任务执行）

1. 项目探究过程

（1）子问题 1： 如何让包裹在下落过程中保持稳定？

　　项目实施阶段以 Implement 实施法则为主导，环节中穿插过程性
评价 Evaluation 法则。围绕子问题 1，教师提供设计思路，指导学生
开展实验探究。学生通过查阅资料，分析物体下落过程中受重力影响
和空气阻力影响，当不考虑水平受力，物体垂直下落过程中，物体所
受的空气阻力越大，物体下落越慢，稳定性也越强。鼓励学生以文字
和绘图的方式提出快递包裹的外部模型设计方案，项目组成员各抒己
见，尊重他人的意见，提出自己的想法，针对不同的想法思路，综合
考虑其设计的可行性，选出最佳的设计。如果组内意见产生分歧或冲
突，按照项目组公约中提到的例如举手表决的方式选出最佳方案。在
评选出最佳设计后，团队需要将确定的设计方案定为实施方案，并对

设计方案进一步解释说明，完成设计图并进行展示（如图 2-10 所示）。

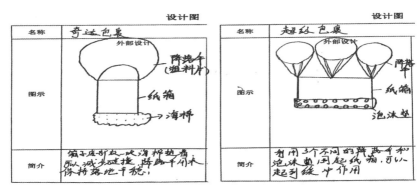

图 2-10　外部设计方案

（2）子问题 2：怎样保证货物不会损坏？

通过前面问题的分析和实验探究，学生设计了包裹外包装的方案，那么怎样才能让放在包裹内的货物（鸡蛋）不受到损坏呢？带着这个问题，学生开始探究包裹内部的设计。在这个环节融合了科学、劳动技术、美术等多个学科领域的内容，学生也会遇到很多问题，例如：包裹的尺寸如何选择？包裹的内部应该怎样放置货物？假设在下落过程中，怎样防止货物之间的互相碰撞等。经过多次讨论和实验测试，利用缓存和气垫原理设计包裹内部，并将货物与货物之间相隔开并固定，极大程度上起到了减缓碰撞冲击和避震的效果。基于以上探

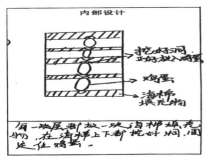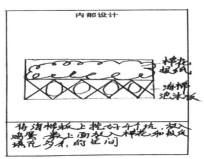

图 2-11　内部设计方案

究，学生进一步对前面的包裹设计进行补充，画出包裹内部设计图，并做解释说明（如图 2-11 所示 ）。

（3）子问题 3：怎样收集数据和测试结果？

通过前面两个子问题探究，学生已经设计出成果方案草图，接下来就需要将设计的方案进行包裹制作（如图 2-12 所示 ）。

图 2-12　制作包裹

各小组成员各自分工明确，负责材料的选择、制作工具的安排，负责具体包裹的手工制作，负责协助完善前期的设计和测试数据。教师提供一套完整的实验测试和改进流程（如图 2-13 所示 ）。

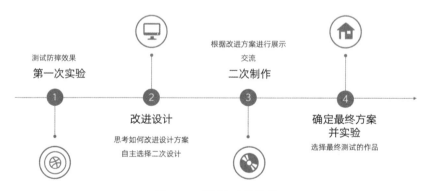

图 2-13　测试和改进流程

学生经过一段时间的制作，各小组交出初次设计的包裹（如图 2-14

所示），组内展示员上台向其他项目小组阐述设计理念和包裹原理说明。

图 2-14　初次设计的包裹

　　学生在教师的引导下进行第一次实验测试，根据测试要求将测试结果记录在数据统计表中（如表 2-7 所示）。

表 2-8　数据测试统计

项目组名称：_____

测试情况

实验次数	货物数量 （鸡蛋个数）	货物情况（鸡蛋损坏程度）
1	1	
2	2	
3	3	
4	4	

　　学生在实验过程中发现，当包裹内只放一个鸡蛋时，大部分情况下都能保证鸡蛋的完好，可是一旦放入了 2～3 个鸡蛋以后，破碎的情况就有很多，有的只碎了一个，有的碎了两个，有的都碎了；有的鸡蛋只有轻微的破损，而有些鸡蛋完全摔碎（如图 2-15 所示）。

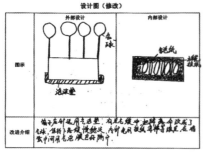
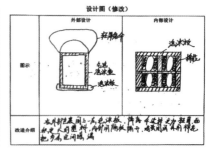

图 2-15　实验过程和数据收集

2. 成果修订与完善

实验过后，学生对自己第一次设计的包裹并不满意，大部分情况下最多 2～3 个鸡蛋能保证安全，但是没有一个小组能同时让 4 个鸡蛋完好无损，因此学生对自己的设计方案进行二次设计，并在制作改进前进行展示交流活动（如图 2-16 所示）。

图 2-16　二次改进方案设计图

提出的改进措施有：增加包裹外包装的厚度、选择更加轻薄的塑

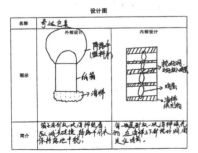
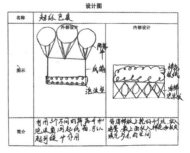

图 2-17　最终设计成果

料薄膜制作降落伞、利用多层海绵垫隔离鸡蛋、用网格状泡沫作为内部缓冲、用气泡垫包好包裹等（如图 2-17 所示）。

（三）第三阶段：E（评价赋值）

1. 项目成果展示

通过展示交流后的二次修改制作，各项目组对快递包裹模型进行最终测试，由实验员从 20 米高度让包裹自由落地，记录员在落地点进行数据收集，其他小组成员一旁协助（如图 2-18 所示）。

	项目组名称：星辰设计公司	
	最终测试情况	
货物数量（鸡蛋个数）	货物情况（鸡蛋损坏程度）	原因分析
4	3个完好 1个重度破碎	群鸡毛双有缓冲，有缓冲的情况，盒子大小合理，又有把多余的地方制填满。

	项目组名称：科创设计公司	
	最终测试情况	
货物数量（鸡蛋个数）	货物情况（鸡蛋损坏程度）	原因分析
4	2完好 1破碎 1破损严重	内部空间没有利用好，泡沫没有固定住，外箱的防护力度不够。

图 2-18　最终测试

各项目组展示项目成果，从 6 组统计到的最终数据，评选出竞标成功的项目组，颁发竞标获奖证书（如图 2-19 所示）。

图 2-19　颁奖仪式

2. 出项评价

在项目成果展示阶段，教师通过评价量表，对货物数量、货物情况（鸡蛋损坏程度）和原因进行了记录和分析，以此作为对学生在项目实施过程中设计的"产品"这一客观成果进行了评价。然而，只有对"物"的评价是远远不够的，教育最根本的对"人"的培养，因此还需要对学生在整个项目过程中的表现和成长进行评价。

整个项目化学习，教师设计了过程性和终结性、自评和他评形式的评价量表（如表 2-9、2-10 所示），激励同学们认真参与探究活动，并与小组成员团结协作。从量表的设计来看，教师主要在五个维度上关注学生的整体学习情况，包括交流、活动、分享、倾听和合作。教师为每个指标设定了相应的评价描述，例如，在合作维度指出要"乐于与组员合作，能顾及他人的想法，帮助有困难的组员，实现 1+1 ＞ 2 的成果"，不仅对合作的方式和内容作出了规定，也对合作的结果作出了要求。此外，教师设计了项目学习评价表，从项目实施的过程角度对学生在项目完成中的任务表现能力作出评价。

表 2-9　过程性评价表

个人整体学习情况评价表

班级：园(8)　　姓名：视依涵　　项目组：星辰设计公司

项目	评价内容	自我评价	组员评价
交流	我能够积极回应老师的提问，与小组的成员都能顺利的沟通交流。	★★☆	★★★
活动	积极参与项目学习的每个环节，制定了目标并且达成目标。	★★☆	★★☆
分享	能够分享自己的心得体会，完成自己的任务，为小组做出贡献。	★★☆	★★★
倾听	能倾听他人的意见和观点，虚心接受老师与组员的指正。	★★☆	★★★
合作	乐于与组员合作，能顾及他人的想法，帮助有困难的组员，实现 1＋1>2 的成果。	★★☆	★★☆
我一共获得星星数（满星 30 颗）		(10) 颗	(13) 颗
在本次项目学习中，我表现得好的地方有哪些？	组织,组内成员高效开展测试,为其他成长共同提供设计思路.		
在以后的项目学习中，我还需要加强的地方有哪些？	多做听同伴的意见,积极参与讨论,发表自己的想法.		

表 2-10　整体学习评价表

项目学习评价表

项目组：科创设计公司

评价内容	评价标准	达成情况
准备环节	能积极举手发言，参与讨论分析，头脑风暴，提出方案并分析方案可行性。	★★★
定义问题	能认真观看视频了解重力产生原因，积极参与实践研究了解空气阻力影响因素，学习相关知识，对驱动问题进行讨论与交流。	★★★
制定计划	能积极参与小组活动，完成无人机快递的设计与材料准备，小组是否分工明确，各司其职。	★★★
作品设计与制作	能根据制作要求，在规定的时间内完成作品。	★★★
作品二次设计和展示	二次设计的创新点、进步方面，效果是否显著	★★☆
作品展示	能根据作品的特点，积极主动介绍小组作品，最终性能呈现效果。	★★☆

一共获得　16　颗星星（满星 18 颗）

六、项目反思

（一）经验总结

1. 优化评价量表　促进项目产出

E（Evaluation）法则伴随整个项目反思阶段。评价是对项目推进的一种过程性记录，它及时与真实地刻画出项目推进过程中学生每个环节中的内容与成效。通过对评价量表中积累的内容与数据进行分析，明晰项目推进过程中的优势与不足，通过实际数据与预设数据的对比，发现存在的问题症结，教师及时提供学习支架与资源素材，帮助学生解决问题，完成项目成果。

2. 模拟真实情境　学科融合运用

项目化学习黄金法则之一为真实性。该案例中，学生以"制作安全的包裹"这一最初的驱动性问题展开活动，从入项活动起，学生便思考包裹的设计方案，从包裹的外包装到内部设计以及材料的选择，能够极大激发学生参与的兴趣。整个学习过程的主线清晰，有利于学生学习核心知识，实现知识的再构建。本活动主要涉及自然、劳动与技术、科学与技术等学科的相关基础知识与技能，鼓励学生在探究式的学习环境中，运用多学科知识经验主动分析问题、解决问题，通过持续的设计、思考、构想、制作、改进，完成自主构建，使学生在解决实际问题的过程中，习得运用科学知识与方法开展科学探究和实践的能力。

3. 团队分工合作　促进实践体验

本项目化学习课程中有较多的实验活动，带给学生不一样的实践体验。学生以"设计师"的角色制订项目进度，全程主导项目推进，全身心投入探究实践活动中，有较强的学习意愿，能主动表达观点并接受他人建议。大家能围绕项目目标各司其职。在各个活动中，大家会经历不一样的分工，分别担任记录员，制作员，实验员，展示员等等，锻炼不同的能力。原本能力强的学生可以更加发挥个人能动性，能力较弱的学生也能够在老师和小组成员的帮助下，根据分工职责有针对性地完成任务，获得成就感与自我效能感。分工合作也保证了活动的顺利开展，课堂上当某个同学交流不够完善时，常会出现小组成员立刻举手补充的情况。项目组成员会通过过程性以及终结性的评价表，对自己和成员的表现进行评价，督促每个成员积极参与活动，认真完成分工任务。

（二）问题改进

本项目化课程兼容了多学科的知识，以动手实践贯穿全课程，关注小组协作能力、关注即时评价量表的激励作用，学生课程参与率与主导率超过其他基础型课程。本课程需要教师运用有效指导策略，通过一定时间和数量的实验测试，在不断解决问题的过程中，逐渐形成并成熟。本案例中学生在问题情境的指引下，经历完整的设计制作流程，尝试克服实践中遇到的问题，不断迭代产品，突破项目目标，逐步掌握运用所学科学知识与技能解决实际问题的思路和方法。

这一案例在实践过程中，有一些不足之处有待改进，例如，学生在项目推进过程中需要多学科知识的融汇交合，有些物理学科的知识超出学生认知的范畴，这需要教师在问题预设前就应该加大自己相关知识的储备量和动手实践示范能力，以一种学生能够理解的替代性知识进行解释说明。另外，由于学生年龄尚小，由于实验的严谨性，不能做到更加全面的对比测试，在材料选择，内部设计时因其制作难度难以体现出学生设计的初衷。

第三章　科学与技术

　　21世纪的科学与技术进入发展的快车道，它通过促进人们的生活方式、生产方式、思维方式的变革来推动社会发展。每一位生活在科学技术高速发展时代的人，必须要勇于探寻科学并积累一定的科学素养。科学素养的形成是长期的，作为小学生，从小就感受科学技术所带给生活的种种影响与便利，需要保持他们与生俱来的科学好奇心与运用基本科学知识和技能认知自己和周围世界的能力，让他们具备进行科学探究所必需的科学思维和方法，以及与自然界和谐相处的生活态度。

　　"科学与技术"课程聚焦科学元素，一般结合自然科学的学科知识结构，中学一般以生物、物理、化学、生命科学为主，小学以自然课为主，一般集中在物质科学、地球与环境、生物科学三大领域。为全面提高每一位学生的科学素养，在项目化课程中，除了自然与劳技学科中的科学知识以外，学校将延伸科学知识的触角，将更多其他学科卷入到跨学科研究中，如语文、道德与法治这类文化类课程。借助学科特色，既能关注培养学生的科学精神、探究意识和实践能力，又能加强人文学科与自然学科之间的学科共融。通过真实驱动性问题的引出，将学生卷入科学的探究中，整个项目实践过程交汇多学科知识的融合引用与迭代更替，进而转化为学生的自身科学素养。

　　"科学与技术"课程设计了五个年级 10 个学期，每学期一个主题的内容。内容的设计紧紧围绕科技而展开，并且根据各年级各年龄段的学生认知水平与接受能力所设计。主题设计旨在一定程度上能引导孩子乐意接触与参与科学技术类的活动或课程，增加他们的主动性和投入程度，也让学生对关键概念的理解较为透彻、持久，更容易在新情境中进行概念迁移，最终指向学生心智成长和转换的自由。（表 3-1）

表 3-1　1—5 年级"科学与技术"主题及其内容

年级	主　题	内　容
一	各种各样的饮料	认识气泡水、苏打水、汽水的差异，了解苏打水的功效，自制苏打水等。
	美丽的云朵	云是什么？云的种类，云的形成原因，看云识天气靠谱吗？画一画美丽的云等。
二	确定方向的 N 种方法	在野外如何确定方向？指南针的发展史，指南针的使用，制作简易指南针，如何利用枝条、手表、月亮等判断方向等。
	车轮的遐想	车轮发展史，轮子的作用，形态各异的轮子，未来的车辆展望、制作简易车辆模型等。
三	3D 打印工坊	3D 打印的历史，3D 打印的原理，3D 打印软件的初步体验，简易 3D 打印作品的制作等。
	自然界中的水	自然界的水循环、自然界的水感觉吗？制作野外简易过滤装置，比较分析过滤装置的过滤效果等。
四	高效扇叶的设计与制作	选择并利用合适材料，将扇叶的结构从设计稿制作成作品，探究影响扇叶发电效率的因素，并对自制扇叶进行改进，最后组织自制扇叶的展示活动。
	会计时的水漏	古人利用水计时的方式，设计并制作水漏模型，发现问题并找到解决方案，改进水漏模型，调试水漏模型，展示水漏模型等。
五	智能灌溉装置	如何进行植物种植？生物圈 1 号的故事，物质循环，智能浇灌系统的制作与实验等。
	地球的保护伞	观察温室，什么温室效应？模拟温室效应，温室效应的重要性，哪些是温室气体？温室效应过量带来的问题等。

"科学与技术"课程既要体现面向全体学生，培养他们的科学态度、科学知识、科学方法和精神，凸显基础性、普及性和发展性；也要关注部分优异学生的持续培养，让更多有兴趣和天赋的学生从群体中脱颖而出，进入到学校创新科技团队中，形成校级科技梯队人才的培养机制。

"科学与技术"课程兼容多学科的知识，以动手实践贯穿学习过程，关注小组协作能力、关注即时评价量表的激励作用、关注学生课程参与率与主导性。它主要采用 PIE 实施模式。"科学与技术"课程的开展需要基于科学数据和实验研究，"I 模式"（Implement）指利用多种教学手段和学习手段来解决研究问题，例如设计数据测算记录表及统计分析表等等，成为过程性研究的科学支撑，设计制作科学作品作为出项成果目标，运用并整合其他学科知识与方法，开展成果导向的综合学习。"E 模式"（Evaluation）是通过各类数据表格的客观结果和科学研究的实践过程来评价赋值学生的各项能力和素养。两种策略交织伴随整个课程的实施推进。

"科学与技术"课程能在开始就明确对学生提出带有问题解决、创造、系统推理分析等高阶认知策略的项目任务，通过实验操作、分级评价等方式调控课程的进展与效率，让学生在由强大的驱动性问题所产生的内动力中创造一个真实的成果作品，挑战创造性高阶思维能力和动手实操能力。

在 PIE 实施模式指导下，学生在解决一个有挑战性的问题中，会经历持续的探究，学生能更专注、更具有主动性和投入性，同时会让学生对关键概念的理解更为透彻，持久，更容易在新情境中进行概念迁移，有利于学生核心素养的综合培养。

"科学与技术"课程是一门需要学生的感知觉系统参与的课程，它从学生的认知特点、生活经验与学科融合出发，让他们在熟悉的生活情境中感受科学的重要性，了解科学与生活的密切关系，学会分析和解决与科学有关的一些简单的实际问题。同时，它又是具有活动与实践性质的课程，它最大限度地将科学的探寻与其他学生交织在一起，丰富学生的个性发展需要，提供服务科学潜能发展的基础。

科学在于探索未知的世界，技术在于改造已有的世界。"科学与技术"课程让探索科学的种子在孩子们心中扎根，为孩子们的奇思妙想插上了腾飞的翅膀，让所有的创意拥有无限可能！

智慧呈现

"会计时的水漏"跨学科项目化学习案例

——上海市松江区泗泾第五小学　张　琪

一、项目概述

学生通过学习远东版自然四年级第二学期第六单元"太空中的地球"的课程内容，对昼夜交替、四季变化、月相变化等现象有了一定的认识，同时也对"时间"产生了浓厚的学习兴趣，有学生就提出了这样的疑问："古人可以根据自然界事物的变化对时间进行大致的判断，在钟表出现之前，他们又是怎么准确计时的呢？"基于这一真实问题，我决定带着孩子们一起来探究古代计时工具的奥秘。

四年级学生爱动脑、爱动手，对周围世界有着强烈的好奇心和探究欲望，敢于根据观察到的事物和现象提出问题，乐于与同伴交流分享，已初步具有仔细观察的习惯和如实记录的科学态度，具备一定的科学探究基础。但是他们自主去获取知识的能力较弱，自主探究能力和意识不强。

基于学生的学习需求，我设计了"会计时的水漏"项目化学习活动，旨在让学生通过一段时间的学习，更好地在观察、调查、实验等实践活动中获取知识、发展能力、培养思维品质。本项目主要涉及的跨学科有自然、劳动与技术、数学、探究。

二、挑战性问题

（一）本质问题

如何依托工程项目解决生活的问题？

（二）驱动性问题

有一天，你不经意间穿越到了一千多年前的古代，你发现古代的人民过着日出而作，日入而息的生活，没有钟表等现代社会习以为常的计时工具，主要利用天文现象和流动物质的连续运动来计时，例如，日晷利用日影的方位计时，刻漏和沙漏利用水和沙的流量计时。但是这些计时方式都存在一定的缺点，且造价昂贵。心怀天下的你决定帮助他们，利用身边材料设计一个经济实惠且可复制的计时产品，解决计时的难题！"怎样制作一个可以利用水计时的装置？"接下来，你将要和你同伴一起，共同设计并制作一个会计时的水漏。

三、项目目标

（一）知识与能力目标

1. 通过调查古代利用水计时的方式，能对利用水计时的方式进行整理、归纳与分析，知道刻漏是一种独立的计时系统，借助水的运动计时，分为泄水型和受水型两种。

2. 通过设计与改进水漏构造，知道水是液体，没有固定的形状，会从高处流向低处；知道物体由于地球的吸引而受到的力叫重力，重力的方向为竖直向下，力使物体运动；知道物体在空气中会受来自四面八方的大气压强。

3. 通过探究影响水漏计时的因素，能与同伴一起经历提出问题与做出假设，搜集证据，处理信息，解释问题，表达交流等科学探究的一般过程；知道改变水量多少以及漏水管径大小可以改变水漏计时的时间。

4. 通过调试与展示水漏作品，制作一个能准确计时的水漏，提高问题解决、分析、决策、创见和表达等能力，提升对身边事物的探究兴趣，体验科技与生活的密切联系。

（二）高阶认知

1. 问题解决：解决"怎样制作一个可以利用水计时的装置？"的现实问题。

2. 决策：对水漏的设计、材料的选择等内容进行合理判断。

3. 创建：设计水漏模型的方案，创建能用以计时的水漏模型。

4. 系统分析：对水漏计时的时长进行观察和分析。

（三）学习素养

1. 探究性实践： 围绕驱动性问题，设计并制作一个水漏模型，分析影响水漏计时的因素，运用控制变量法进行探究。经历提出问题与做出假设→搜集证据→处理信息→解释问题→表达交流等科学探究过程。

2. 技术性实践： 解决初步设计的水漏无法工作的技术难题。

3. 调控性实践： 有计划地完成项目，积极参与项目研究，在遇到困难时能主动寻找解决方案，不断完善方案并进行实验探究，改进作品。

4. 社会性实践： 根据设计和实践，制作一个会计时的水漏模型，展示水漏模型，对自己和同伴的学习过程和成果进行评价。

四、项目准备

1. **项目表单**

（1）"会计时的水漏"项目化学习活动学生系列记录表；

（2）"会计时的水漏"项目化学习活动学生系列评价表。

2. **学习材料**

马德堡半球实验套材、一次性杯、透明塑料瓶、不同管径吸管、空塑料瓶、剪刀、工作垫板、水槽、量筒、烧杯、热熔胶枪、冲击钻、抹布等。

3. 技术设备

一体机、平板电脑、绘图工具、美术材料等。

五、项目实施

（一）第一阶段：P（问题驱动）

1. 驱动性问题的提出

学生在学习远东版自然四年级第二学期第六单元"太空中的地球"并对昼夜交替、四季变化、月相变化等现象有了一定的认识后，引发学生思考，古代的人民没有钟表等计时工具，主要利用天文现象和流动物质的连续运动来计时，例如，日晷利用日影的方位计时，刻漏和沙漏利用水和沙的流量计时。我们能否利用身边材料设计一个经济实惠且可复制的计时产品？学生各抒己见，提出自己的想法，借此，教师提出一个驱动性问题"怎样制作一个可以利用水计时的装置？"学生们在虚拟的情境中，以问题为驱动，引发持续性的思考。

2. 组建项目团队

此次项目采用 5 人小组探究方式，成立项目学习小组（如图 3-1 所示）。

图 3-1　成立项目组

教师制定了成立项目组的任务单，明确了小组成员的角色、项目组公约及相应的评价量规（如表 3-2 所示）。

表 3-2　任务单

一、定义问题

1. 成立项目组

项目组编号 _____

项目组名称 _____

项目组成员分工：

记录员	制作员	观察员	实验员	展示员

项目组公约：

（1）_____

（2）_____

（3）_____

　　各项目组根据成员特长进行分工，包括记录员、实验员、展示员等，自主推荐各组的组长，并在组长的组织下共同制定项目学习小组的名称及项目组公约，完成项目组信息表（如图 3-2 所示）。

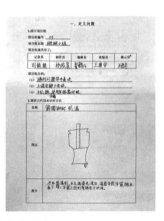

图 3-2　项目组信息表

　　各项目组在举手表决的民主投票中，确定各自小组的团队名称，有的取名自然科技组，有的取名团结组，有的取名实验劳动组……确定团队名是项目学习小组建设的重要环节，反映一个团队的价值取向和精神面貌，对形成团队意识、构建团队文化起着重要作用。

3. 项目方案设计

项目的最终产品是一个可以较为精确计时的水漏模型。在该主题之下，学生首先对这一项目进行充分讨论，并形成针对项目推进的相对统一的共识，例如：工程项目研究的一般过程包括工程决策、工程设计、工程实施、工程展示，即明确问题、设计方案、实施计划、检验作品、改进完善、发布成果。

顺利入项后，组员们在驱动性问题的引导下，产生了更多的问题，如：水漏的结构是什么样的？制作水漏需要哪些材料与工具？怎样调试水漏的计时时长？不同的学生提出不同的问题，在思维的碰撞中，教师帮助各组将这些零散的问题进行归类统整，逐步梳理出3—4个有内在逻辑关系的子问题，并提供项目规划表（如表3-3所示），作为参考的支架，供各组参考和借鉴。

表 3-3 项目规划表

二、制定计划

项目组：_____

1. 规划项目进度

周次	问题链（子任务）	标志成果
1	成立项目小组，明确学习主题	完成小组信息表
2		
3		
4		
5		
6		

明确达成各子任务的标志成果（如图3-3所示），以及在完成子任务过程中可以遇到的问题如作品的迭代设计与制作等，将整个工程项目学习过程梳理清晰。

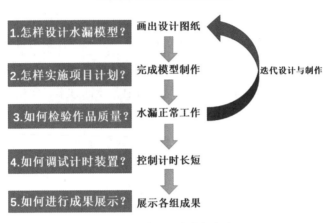

图 3-3　达成各子任务的标志成果

（二）第二阶段：I（任务执行）

1. 项目探究过程

（1）子问题 1： 怎样设计水漏模型？

项目实施阶段以"I 模式"（Implement）为主导，环节中穿插"E 模式"（Evaluation），一方面，将评价贯穿于项目发展的全过程，多环节设置，对项目开展的进程、质量、内容和阶段性成果进行评估、评价和判断，推动项目的决策和实践进程。另一方面，通过学生自评、同伴互评以及教师评价，对小组研究进展中的学习过程进行评价。围绕子问题 1，教师提供设计支架，指导学生开展工程设计。引导学生利用 IPAD 搜集古代用水计时的资料，分析泄水型刻漏、受水型刻漏的计时原理，交流沙漏的计时原理，引导学生结合两者的优点设计一个会计时的水漏模型。鼓励学生以文字和图案的方式提出水漏模型的设计方案，项目组成员必须聆听其他成员的想法，并提出自己的意见。针对不同的设计方案，各项目组，综合考量所设计水漏的功能、结构、外观、成本等条件，对各方案进行评估，选出最佳的设计。如出现分歧则按照项目组公约中自定的"投票"或"组长决定"等方式选出最佳方案。在评选出最佳设计后，团队需将确定的设计方案定为实施方案，并对方案情况进行进一步细化和明确，完成设计图纸并进行展示（如图 3-4 所示）。

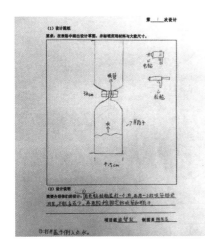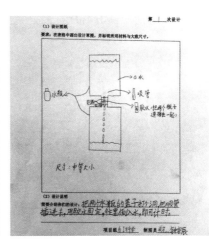

图 3-4　设计方案

评价部分，本项目采用了表现性评价和结果性评价相结合的形式，由组长和组员根据评价表中的不同维度和标准进行及时反馈和评价。除此之外，教师也会对各项目组的表现进行过程性评价。以珊瑚小组为例，通过小组自评表可以发现：该项目组成员均赞同本项目组的设计方案，设计概要包括所有必要的信息，如尺寸、材料、连接方式等，能在展示环节详细展示设计，包括设计方案、设计思路与可行性（见表 4）。

（2）子问题 2：怎样实施项目计划？

按照实施方案，引导学生规范技术操作，明确制作要求，鼓励项目小组按照小组分工制作水漏模型。在这一环节，融合了科学、技术、工程和数学等多个学习领域的内容，学生会遇到许多问题，比如尺寸不匹配、工具使用不当、拼接不契合和作品不牢固等。经过多次尝试和返工之后，各小组交出了较为满意的初代产品（如图 3-5 所示）。学生在教师的指引下学习测量液体体积的方法、往容器中加液的方法，并根据测试要求对初代产品进行检验，将检验结果记录在任务单上，发现初代产品中的水存在无法从一个容器落入到另一个容器的情况，无法像沙漏一样计时。

图 3-5　初代产品

进而对比水漏和沙漏的相同点和不同点（如图 3-6 所示），发现初代水漏和沙漏都是由两个容器组成，中间有一孔，容器中有看不见摸不着的空气，物体在空气中会受来自四面八方的大气压强。水漏中添加的是水，水是液体，水的表面存在表面张力，水不能流下去。沙漏中添加的是沙，沙是细小的石粒，存在空隙，沙能落下去。

对比：水漏和沙漏的异同

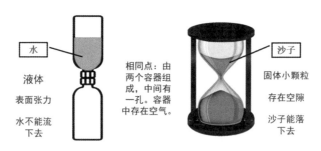

图 3-6　初代水漏和沙漏的异同

评价部分，以自然科技组为例，通过小组自评表可以发现：该项目组内成员分工明确，根据需要进行互补，完成水漏模型的制作，并进行测试，能够及时记录实验现象，并分析出现的问题。（如图 3-7 所示）。

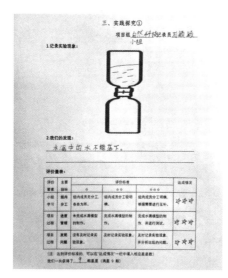

图 3-7　评价单

（3）子问题 3：如何检验作品质量？

水漏模型是否能正常工作是体现产品质量的重要依据。学生在遇到问题之后，观察教师演示覆杯实验，思考容器中的水没有落下的原因。通过模拟马德堡半球实验，认识物体在空气中会受来自四面八方的大气压强（如图 3-8 所示）。从而认识到装置内存在看不见的空气，将装置倒置时，上部容器的水有下落的趋势，内部空气体积增大，气压减小，同时，水的表面张力阻碍下部容器内的气体进入上部容器，连接管道内的水表面存在压强差，故水无法下落。

进而思考、改进水漏模型的设计方案，设计师需要考虑让容器中的水和空气同时进行互换。项目组讨论改进方案可能用到的材料，并

图 3-8　寻找问题

在设计图中画出新的草图（如图 3-9 所示）。展示各项目组的设计与理由，分析各组设计是否科学且可行。

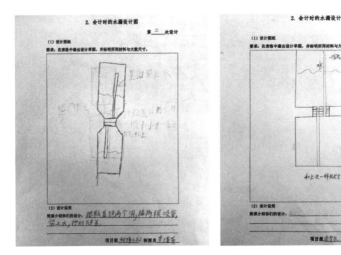

图 3-9　作品迭代设计

评价部分，以学习项目组为例，通过小组自评表可以发现：该项目组内成员均赞同本项目组的设计方案。设计包括所有必要的信息，如问题陈述、局限性和可行性。能详细展示本项目组的设计，包括设计方案、设计概要。（如表 3-4 所示）。

表3-4　评价表

4.评价量表：

评价要素	主要指标	评价标准			达成情况
		☆	☆☆	☆☆☆	
小组学习	设计方案	组内大多数成员不赞同本项目组的设计方案。	组内个别成员不赞同本项目组的设计方案。	组内成员均赞同本项目组的设计方案。	☆☆☆
项目过程	设计概要	设计概要包括尺寸、材料、连接方式中一种必要的信息。	设计概要包括尺寸、材料、连接方式中两种必要的信息。	设计概要包括所有必要的信息，如尺寸、材料、连接方式等。	☆☆☆
项目过程	展示交流	能简单展示设计，包括设计方案或设计思路与可行性。	能简单展示设计，包括设计方案、设计思路与可行性。	能详细展示设计，包括设计方案、设计思路与可行性。	☆☆☆

（注：达到评价标准的，可以在"达成情况"一栏中填入相应星星数）
我们一共获得了 9 颗星星（满星 9 颗）

2. 成果修订与完善

教师组织学生根据改进的设计图纸再次制作水漏模型。利用改进后的水漏模型进行测试。确保改进后的水漏能否正常工作，水漏中的水和空气通过两根吸管进行互换。引导学生思考影响水漏计时长短的因素有哪些。做出猜想管径大小和水量多少可能会影响水漏计时。设计实验①验证管径大小对水漏计时的影响，控制水量不变，改变管径大小；实验②验证水量多少对水漏计时的影响，控制管径大小不变，改变水量多少。通过实验探究影响水漏计时快慢的因素（如图3-10所示），明确水漏的水量越多，吸管越细，水漏的计时越长。

图 3-10（组图） 探究影响水漏计时的因素

最终选择 1.8 mm 管径的吸管，调试水漏使其能准确计时 60 s 的水漏，并做好实验记录（如图 3-11 所示）。

图 3-11　实验记录表

（三）第三阶段：E（评价赋值）

1. 项目成果展示

各项目组对水漏模型进行最终测试，在水漏标签上填上项目组名称和编号。将水漏中的水染成喜欢的颜色，方便后续的观察与评比（如图 3-12 所示）。

各项目组展示项目成果，同时进行计时，评选出能精确计时的三个小组，进行简约而富有仪式感的颁奖仪式（如图 3-13 所示）。

图 3-12　最终测试

图 3-13　项目成果展示

2. 出项评价

在现实工程中，至此即可交付产品或参加竞标，而在小学生工程实践中，教师需要为学生搭建展示平台，通过成果展示或虚拟竞标的方式，鼓励学生分享成功经验以及失败的教训等。项目组代表需要在展示会中清晰表达产品设计，尽可能得到其他小组的认同。同时，其他项目组也可对其产品性能、外形以及展示效果等方面进行评价，互相学习，共同成长。

项目最后，引导学生完成项目评价量规（如图 3-14 所示），合作完成"会计时的水漏"项目的工程研究报告，包含"设计概要""最初稿件""设计方案"以及"最终版作品"等一系列过程性资料。至此，一个以工程思维引领的工程实践项目圆满完成。

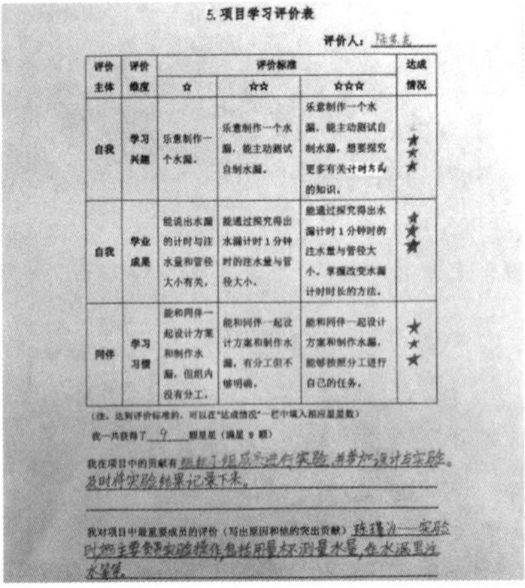

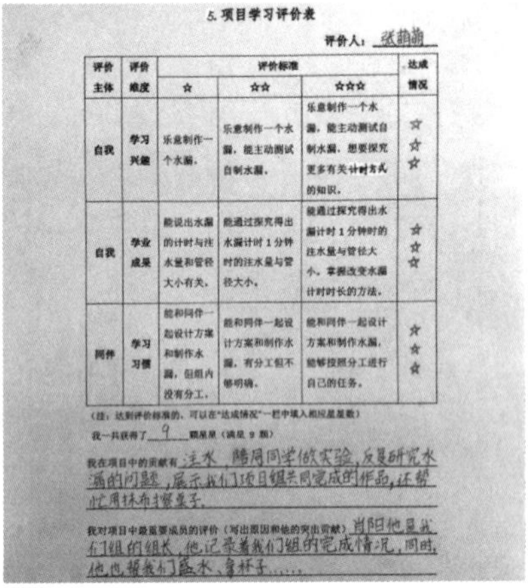

图 3-14　项目学习评价表

六、项目反思

（一）经验总结

1. 依托评价量表　改良项目成效

E（Evaluation）法则伴随整个项目反思阶段。评价是对项目推进的一种过程性记录，它及时与真实地刻画出项目推进过程中学生每个环节中的内容与成效。通过对评价量表中积累的内容与数据进行分析，明晰项目推进过程中的优势与不足，通过实际数据与预设数据的对比，发现存在的问题症结，教师及时提供学习支架与资源素材，帮助学生解决问题，完成项目成果。

2. 设计合理问题　学科交织运用

本案例设计会计时的水漏情境贯穿学习的始终，从最初驱动性问题的提出，到最终呈现一个水漏模型的成果，整个学习过程的主线清晰，有利于学生学习核心知识，实现知识的再构建。

本活动主要涉及自然、劳动技术、数学等学科的相关基础知识与技能，鼓励学生在探究式的学习环境中，运用多学科知识经验主动分析问题、解决问题，通过持续的设计、思考、构想、制作、改进，完成自主构建，使学生在解决实际问题的过程中，习得运用科学知识与方法开展科学探究和实践的能力。

3. 聚焦工程实验　增加实践体验

"科学与技术"课程中有较多的工程实验，带给学生不一样的实践体验。学生以"工程师"的角色制订项目进度，全程主导项目推进，全身心投入探究实践活动中，有较强的学习意愿，能主动表达观点并接受他人建议，碰撞思维火花，释放学习内驱力，有动力、有方法、有目标、有迁移地实施项目，探究实践逐渐走向深度。

（二）问题改进

"科学与技术"PIE 课程兼容多学科的知识，以动手实践贯穿全课程，关注小组协作能力、关注即时评价量表的激励作用，学生课程参与率与主导率超过其他基础型课程。本课程是工程实践为主的课程，学生工程思维的形成并非一蹴而就，需要教师运用有效指导策略，通过一定时间和数量的工程实践，在不断解决工程问题的过程中，逐渐形成并成熟。本案例中学生在问题情境的指引下，经历完整的工程流程，尝试克服工程实践中遇到的问题，不断迭代产品，突破项目目标，逐步掌握运用所学科学知识与技能解决工程实际问题的思路和方法。

在实践过程中，有一些不足之处有待进一步改进，例如，项目化学习追求的不是以唯一答案为目的的学习，各项目组对作品的设计应拥有自主选择权和决定权。学生在项目推进过程中需要多学科知识的融汇交合，有些甚至超出教师知识的范畴，这需要教师在问题预设前就应该加大自己相关知识的储备量和动手实践示范能力。

"高效扇叶的设计与制作"跨学科项目化学习案例
——上海市松江区泗泾第五小学　钱伟钢

一、项目概述

通过学习是远东版自然四年级第二学期第五单元"可再生能源"的课程内容，学生了解了能源现状及开发可再生能源的意义，认识了生物质能、水能、风能和地热等可再生能源的特点及其应用。同时，学生对于风力发电的内容充满兴趣，提出了很多和风力发电有关的内容，"风车为什么能发电呢？""在相同的环境下，为什么有的风车转得很快，有的风车转得很慢？""风车的灵敏程度和什么有关呢？""怎样改进风车可以使它转得更快呢？""是不是风车转得越快，发的电越多呢？"基于学生真实的学习需求，我们结合学校项目化学习的研究，结合教学内容，设计了"高效扇叶的设计与制作"项目，涉及自然、数学、美术、劳技等多门课程的知识与技能。

本项目以制作高效的扇叶为主线，主要分为三个阶段六个课时，第一阶段采用"P模式"（problem），以"如何选择合适的材料制作扇叶"的问题出发，主要让学生开发资源，将扇叶的结构从设计稿制作成作品，并组织自制扇叶的展示活动。第二阶段采用"I模式"（Implement），以"探究影响扇叶发电效率的因素"为核心问题，引领学生深入探究影响扇叶发电效率的因素，并对自制扇叶进行改进，然后组织各项目组测试扇叶发电的效率。第三阶段采用"E 模式"（Evaluation），以"制作风力发电模型"为主要目的，引导学生在探究的基础上制作模型，进行项目成果的公开展示，在此基础上对学生的项目成果进行评价。三个阶段层次递进，让学生的感知从定性转变为定量，让作品依循着科学的路径不断精益求精。

二、挑战性问题

（一）本质问题

如何依托工程项目解决学生感兴趣的问题？

（二）驱动性问题

2050 年，人类的航空航天取得了历史性的成就，由各国招募的第一批人类移民外星球志愿者们正式来到了 NOD 星球，并在 NOD 星球上搭建了殖民基地。由于初始设计的热辐射发电系统无法满足需求，现在准备利用星球上丰富的风力资源进行发电，虽然有发电机系统和电力接入系统，但是因为有限的资源和人手，现在急需完善合理的高效扇叶方案！

小小工程师们，聪明如你们，一定想要帮助这批移民外星球的人类志愿者们。为了更好地利用 NOD 星球的风力资源进行发电，我们来做个小小的研究，探究影响扇叶转动的因素有哪些，从而设计出高效扇叶应用于风力发电装置。

行动吧，小小工程师吧！

三、项目目标

（一）知识与能力目标

1. 通过对高效扇叶发电效率的探究，学习基础的科学探究方法，提高动手技能、养成细致、耐心的习惯。

2. 通过阅读、设计、制作、实验等多种方式进行项目学习，认识风力发电的原理与能量转换的形式，了解工程项目的基本研究过程，提升就实际问题进行科学探究的能力和解决问题的实践能力。

3. 培养学生对身边事物的探究兴趣，激发学生热爱自然的情感，感受自然与实际生活的密切联系。

（二）高阶认知

1. 问题解决：解决"怎样设计并制作一个高效扇叶？"的现实问题。

2. 决策：对高效扇叶的设计、材料的选择等内容进行合理判断。

3. 创建：设计扇叶模型的方案，创建能用以发电的高效扇叶模型。

4. 系统分析：对扇叶发电效率进行观察和分析。

（三）学习素养

1. 探究性实践：围绕驱动性问题，设计并制作一个扇叶模型，分析影响扇叶转动效率的因素，运用控制变量法进行探究。经历提出问题与做出假设→搜集证据→处理信息→解释问题→表达交流等科学探究过程。

2. 技术性实践：解决扇叶灵敏度的技术难题。

3. 调控性实践：有计划地完成项目，积极参与项目研究，在遇到困难时能主动寻找解决方案，不断完善方案并进行实验探究，改进作品。

4. 社会性实践：根据设计和实践，制作一个高效扇叶的模型，展示扇叶模型，对自己和同伴的学习过程和成果进行评价。

四、项目准备

表 3-5　活动器材清单

		活 动 器 材	
第一阶段	1	入项活动	项目组基本信息表
	2	设计高效扇叶	高效扇叶设计图、DIS 多量程电流传感器、小电机

（续表）

			活　动　器　材
第二阶段	3	制作高效扇叶	量角器、圆规、剪刀、垫板、雪弗板、牙签、双面胶、卡纸、小风扇、卷尺、高效扇叶实验记录表等
	4	改进高效扇叶	剥线钳、小电机、量角器、圆规、剪刀、垫板、雪弗板、牙签、双面胶、硬卡纸、小风扇、卷尺、DIS多量程电流传感器、高效扇叶实验记录表等
第三阶段	5	各项目组PK	场地布置、电风扇、卷尺、DIS多量程电流传感器、小电机、高效扇叶评价表等
	6	成果展示	自制模拟风力发电模型、制作高效扇叶评价表、风力发电站评价表等

五、项目实施

（一）第一阶段：P（问题驱动）

1. 驱动性问题的提出

学生交流和风力发电有关的问题，如"风车为什么能发电呢？""在相同的环境下，为什么有的风车转得很快，有的风车转得很慢？""风车的灵敏程度和什么有关呢？""怎样改进风车可以使它转得更快呢？""是不是风车转得越快，发的电越多呢？"等。教师提出本项目的驱动性问题"如何设计制作高效扇叶？"，学生们在虚拟的情境中，以问题为驱动，引发持续性的思考。

2. 组建项目团队

此次项目采用5人小组探究方式，成立项目学习小组（如图3-15所示）。

为了增强项目组的凝聚力，由组员讨论确定项目组名称，同时，遵循不同学生的学习需求，发挥同伴的力量，根据各组员的特点特长，讨论确定各成员担任的角色，如观察员、记录员、制作员、展示员等；最后，共同制定项目组公约（如图3-16所示）。

图 3-15   成立项目组

图 3-16   项目组信息表

3. 学习相关基础知识

学生需对风力发电的原理、优势和弱点等方面进行初步的了解，为后续的学习打下基础。

（1）清洁能源——风能：空气流动所产生的动能。

（2）风力发电的原理：利用风力带动风车叶片旋转，再透过增速机将旋转的速度提升，来促使发电机发电。

（3）能量转换的形式：风车叶片受风力转动带动转轴，转轴带动齿轮箱，将风能转化为动能，齿轮箱带动发电机，将动能转化为电能。

（4）风力发电的优缺点：优点包括清洁，环境效益好；可再生，永不枯竭；基建周期短；装机规模灵活。缺点包括：噪声，视觉污染；占用大片土地；不稳定，不可控；成本仍然很高等。

（二）第二阶段：I（任务执行）

1. 项目探究过程

（1）子问题1：怎样设计高效扇叶模型？

项目实施阶段以 Implement 实施法则为主导，环节中穿插过程性评价 Evaluation。围绕子问题1，教师提供设计支架，指导学生开展工程设计。组织学生学习，了解方案设计中必须包含的几个内容，如"高效扇叶"设计图，设计说明等，鼓励学生进行发散思维，大胆地设计方案，并记录在设计图中。项目组通过对扇叶的分析，讨论提出若干种可行的方案，对每种方案的利弊进行分析和决策。画出"高效扇叶"的基本结构设计草图，标明所用材料与大致尺寸，并进行展示（如图 3-17 所示）。

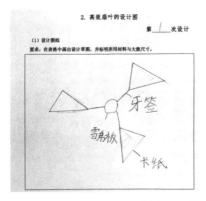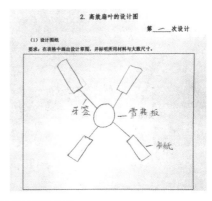

图 3-17　初步设计的高效扇叶

在交流方案的环节，要求学生对自己的方案进行合理解释，认真倾听同学发言并提出改进意见。首先，小组向全班展示方案（如图 3-18 所示），说说"高效扇叶"的基本结构是怎样的？用哪些材料来制作等。然后，全班同学从"高效扇叶"结构是否合理、材料是否方便获得，创新性方面分析讨论，对汇报的同学进行质疑或提议，小组回答同学的提问等。最后，汇报的小组介绍自己准备如何修正和改进设计方案。

图 3-18　各项目组的设计方案

（2）子问题 2：怎样实施项目计划？

按照实施方案，引导学生学习美工刀、剥线钳、量角器、粘合剂等工具与材料的使用方法，工具、材料（如图 3-19 所示）。

图 3-19　制作工具与材料

教师明确规范技术操作与制作要求，鼓励项目小组按照小组分工制作扇叶模型（如图 3-20 所示）。在这一环节，融合了科学、技术、工程和数学等多个学习领域的内容，学生会遇到许多问题，比如尺寸不匹配、工具使用不当、拼接不契合和作品不牢固等。经过多次尝试和返工之后，各小组交出了较为满意的初代产品。

图 3-20 制作扇叶

（3）子问题 3：如何检验作品质量？

模型是否能正常工作是体现产品质量的重要依据。各项目组内讨论，结合活动任务单，明确各自要探究的问题并形成实验方案，在教师的指导下完善实验方案。

方案一：利用风扇、卷尺测量自制扇叶转动的最远距离，所需器材如图 3-21 所示。

图 3-21 风扇、卷尺

方案二：将自制扇叶安装在小电机的轴上，利用 DIS 多量程电流传感器测量电流的大小，所需器材如图 3-22 所示。

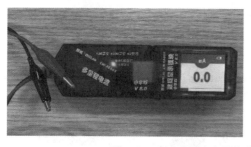

图 3-22 DIS 多两次电流传感器、小电机

在确定实验方案后，教师介绍电磁感应现象，即闭合电路的一部分导体做切割磁感线运动时，在导体上就会产生电流的现象叫电磁感应现象，产生的电流叫做感应电流。发电机便是依据此原理制成。引导学生初步掌握数字 DIS 多量程电流传感器的使用方法。

各小组完成"高效扇叶"后，便迫不及待地进行"高效扇叶"转动实验，利用小风扇、卷尺进行测试（如图 3-23 所示）。

图 3-23 测试扇叶

实验表单的设计主要引导学生发现当叶片数量一定时，不同叶片倾斜角度对扇叶转动情况的影响，有的小组发现"高效扇叶"能在离风扇较远处转动，有的小组制作的"高效扇叶"只能在离风扇较近处转动，记录员将叶片数量、叶片倾斜角度已经相对应的测试结果记录在实验记录表上（如图 3-24 所示）。

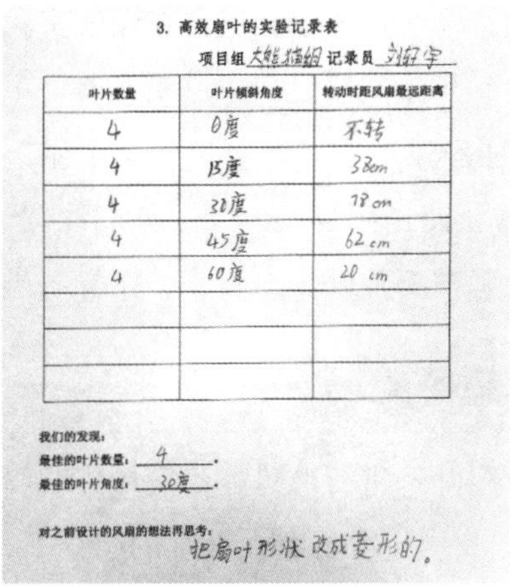

3. 高效扇叶的实验记录表

项目组 大熊猫组 记录员 [illegible]

叶片数量	叶片倾斜角度	转动时距风扇最远距离
4	0度	不转
4	15度	38cm
4	30度	78 cm
4	45度	62 cm
4	60度	20 cm

我们的发现：

最佳的叶片数量：4。

最佳的叶片角度：30度。

对之前设计的风扇的想法再思考：

把扇叶形状改成菱形的。

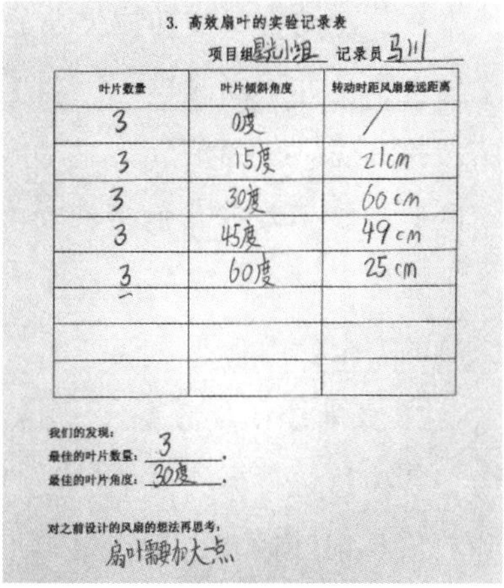

3. 高效扇叶的实验记录表

项目组 [illegible] 记录员 马川

叶片数量	叶片倾斜角度	转动时距风扇最远距离
3	0度	/
3	15度	21cm
3	30度	60 cm
3	45度	49 cm
3	60度	25 cm

我们的发现：

最佳的叶片数量：3。

最佳的叶片角度：30度。

对之前设计的风扇的想法再思考：

扇叶需要加大点

图 3-24　各项目组测试结果

经过统计，各项目组的扇叶转动距离风扇最远时，对应的叶片角度和叶片数量，如表 2 所示。通过对比可以得出，当叶片数量一定，叶片的倾角为 30 度时，小风扇的转动情况最为高效。

表 3-6　各项目组最远距离数据统计

组号	叶片数量	叶片角度	最远距离
1	5	30	39
2	4	30	78
3	6	30	60
4	4	30	29
5	3	30	60
6	4	30	45
7	3	30	40
8	3	30	25

在这个阶段，全班的探究活动进度就出现了差异。我鼓励他们积极寻找原因，收集信息，记录数据，分析思考，交流遇到的问题及解

决方法，总结实验成功或失败的原因，及时地改进调整，在反复实验中发现不足并不断改进。让学生体会到科技发明过程中反复实验、不断改进是必不可少的，这样的活动过程体现了"做中学，学中做"，不断改进、不断优化的过程。由于需要使用到各类工具，如剥线钳、美工刀等，存在一定的危险性，故教师需要加强安全教育，指导各类工具的安全使用。

2. 成果修订与完善

各项目组根据测试结果对"高效扇叶"进行改进，确定最优的扇叶数量与扇叶倾角，制作材料不再修改。各项目组在教师的引导下，学会使用 DIS 多量程传感器，借助小风扇、卷尺、DIS 多量程电流传感器、小电机进行测试，尝试将扇叶调制最优的状态，如图 3-25 所示。

图 3-25　改进扇叶

在调试结束以后，各项目组成员填写自评表，主要从学习兴趣、学习习惯、学业成果三个方面对自己在学习过程中的表现进行评价，将自己在项目中的贡献写下来，并对自认为组内最重要的成员进行评价，写清楚原因和突出贡献（如图 3-26 所示）。在各位组员完成评价表后，组内进行讨论、交流对自己和组员的评价以及在过程中的一些收获。

学生在活动中不仅仅是做，不仅仅是技能的获得，同时包含着

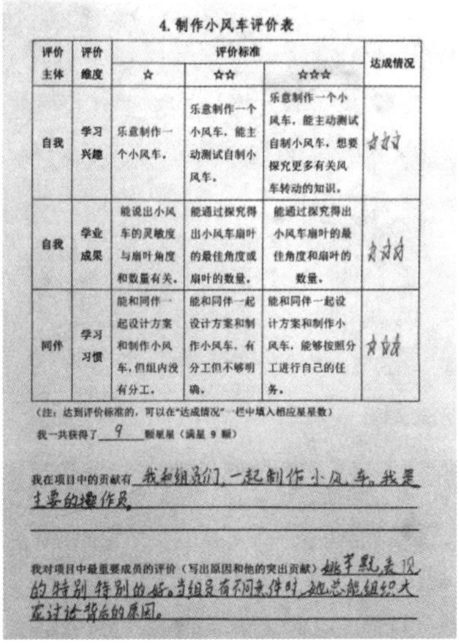

4. 制作小风车评价表

评价主体	评价维度	评价标准 ☆	☆☆	☆☆☆	达成情况
自我	学习兴趣	乐意制作一个小风车。	乐意制作一个小风车，能主动测试自制小风车。	乐意制作一个小风车，能主动测试自制小风车，想要探究更多有关风车转动的知识。	
自我	学业成果	能说出小风车的灵敏度与扇叶角度和数量有关。	能通过探究得出小风车扇叶的最佳角度和扇叶的数量。	能通过探究得出最佳角度和扇叶的数量。	
同伴	学习习惯	能和同伴一起设计方案和制作小风车，有分工。	能和同伴一起设计方案和制作小风车，但组内没有分工。	能和同伴一起设计方案和制作小风车，能够按照分工进行自己的任务。	

（注：达到评价标准的，可以在"达成情况"一栏中填入相应星星数）

我一共获得了 9 颗星星（满星 9 颗）

我在项目中的贡献 我和组员们一起制作小风车，我是主要的操作员。

我对项目中最重要成员的评价（写出原因和他的突出贡献）桃芊那表现的特别持别的好，与组员有着不同伴时候，热心，能组织大家计划背后的原因。

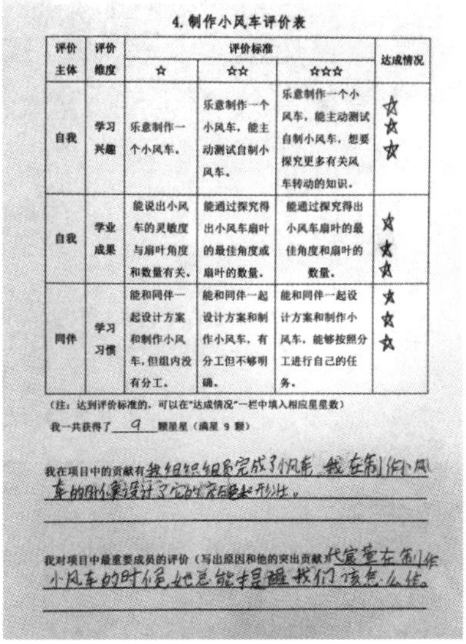

4. 制作小风车评价表

评价主体	评价维度	评价标准 ☆	☆☆	☆☆☆	达成情况
自我	学习兴趣	乐意制作一个小风车。	乐意制作一个小风车，能主动测试自制小风车。	乐意制作一个小风车，能主动测试自制小风车，想要探究更多有关风车转动的知识。	☆☆☆
自我	学业成果	能说出小风车的灵敏度与扇叶角度和数量有关。	能通过探究得出小风车扇叶的最佳角度和扇叶的数量。	能通过探究得出最佳角度和扇叶的数量。	☆☆☆
同伴	学习习惯	能和同伴一起设计方案和制作小风车，有分工。	能和同伴一起设计方案和制作小风车，但组内分工不够明确。	能和同伴一起设计方案和制作小风车，能够按照分工进行自己的任务。	☆☆☆

（注：达到评价标准的，可以在"达成情况"一栏中填入相应星星数）

我一共获得了 9 颗星星（满星 9 颗）

我在项目中的贡献 我和组织组员完成了仍需，我在制作小风车的时候设计了它的功率和形状。

我对项目中最重要成员的评价（写出原因和他的突出贡献）代宣萱在制作小风车的时候，她总能提醒我们顶点、什么的。

图 3-26　各项目组成员自评

学，包含对知识的深度理解，实践意味着学生要像真正的科学家、工程师那样，经历持续的实践。本环节教师引导学生在实践的过程中持续地自我发现问题和自主解决问题，最终确定扇叶运转最高效时的扇叶叶片数量与扇叶角度，充分发挥学生自主探究的能力，让学生的学习真实发生。

（三）第三阶段：E（评价赋值）

1. 项目成果展示

各项目组对扇叶模型进行最终测试，各项目推荐一名代表上台，利用风扇、尺测量自制扇叶转动的最远距离（如图 3-27 所示）。

各项目组进行第二轮 PK，由组员代表上台将自制扇叶安装在小电机的轴上，保证扇叶距离风扇的距离为 20 厘米，再利用 DIS 多量程电流传感器测量电流的大小（如图 3-28 所示）。

为了及时将相关数据记录，评价表的设计主要从小电机产生的电流大小以及扇叶转动时距风扇最远距离两个方面进行评价。教师将各

图 3-27　各项目 PK

图 3-28　借助 DIS 进行 PK

小组实验结果记录在高效扇叶评价表中（如图 3-29 所示）。最后，根据各小组的 PK 情况，评选出各优秀项目组。

　　学生在问题的引导下，将知识运用于解决问题。为了解决问题，

5. 高效扇叶评价表

评价人　张镇

评价内容	组号									
	1	2	3	4	5	6	7	8	9	10
电流大小 /mA	9.6	37.9	20.6	7.3	30.3	15.1	19.3	5.3		
转动时距 风扇最远距离/cm	39	81	55	29	66	46	52	25		

图 3-29　PK 结果记录

每个组所得到的答案是不确定的，是他们自己思考和实践的个性化产物。不确定性，意味着意外、风险、失败，当然也有收获、成功和启迪。也正是在不确定性的学习中，学生在学习的过程中深入自主，全情投入；学生拥有解决问题、批判思考、创新思维、沟通表达、团队协作的未来社会需要的能力，正是孩子面对充满了不确定的未来世界的生存能力、生活能力和工作能力。

2. **出项评价**

本活动创设为风力发电站设计高效的情境贯穿学习的始终，组织各项目组探究影响扇叶发电效率的因素，从而设计出高效扇叶应用于风力发电装置，制作一个风力发电站模型，并以各种形式向评委推介自己的项目，各项目组的风力发电站模型（如图 3-30 所示）。

图 3-30 风力发电站模型

　　评价内容主要有"创建设计""检验设计""分析改进""交流汇报""制作工艺"五个方面，此评价采取评分制，从低到高依次为 1～10。评委根据评价内容对各项目组进行评价（如图 3-31 所示），最后由评委宣布本次项目化学习活动的优秀项目组。

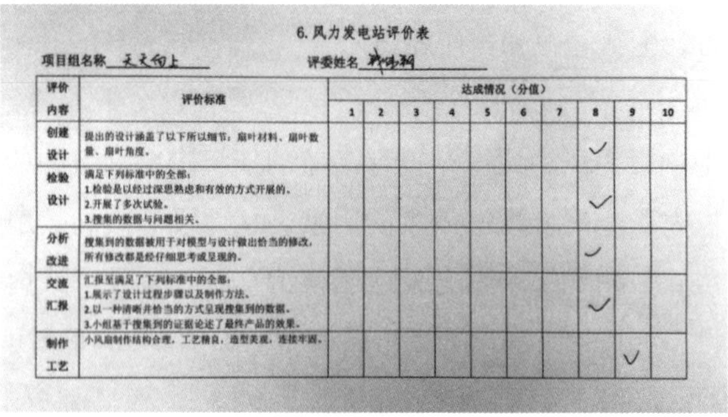

图 3-31　风力发电站评价表

　　活动的收获通过展示评价来实现，展示是项目化学习活动的高潮，交流是对活动的总结和回顾，评价是对学生后续发展的激励。学生们展示并发射了"风力发电模型"，他们交流"风力发电模型"的创新之处，交流实践中的收获，各项目组成员评价自己在项目中的贡献，并且对项目中最重要成员进行评价，写出原因和他的突出贡献等，激励不断进步和获得成功。

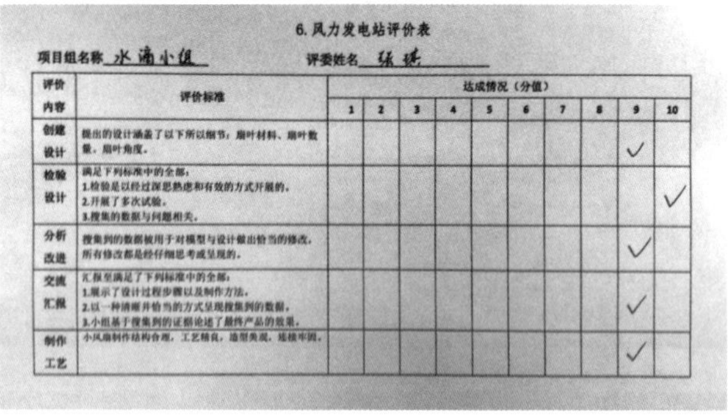

六、项目反思

（一）经验总结

1. 聚焦工程学习 增加实践体验

本项目创设设计风力发电站的情境贯穿学习的始终，从最初真实的驱动性问题的提出，到最终呈现一个风力发电站模型的成果，整个学习过程的主线清晰，有利于学生学习核心知识，实现知识的再构建。同时，遵循不同学生的学习需求，充分发挥同伴的力量，各项目组内分工明确，根据各组员的特点特长分别担任组内不同角色，并在过程中形成互补，几乎没有一个学生被"闲置"。回顾整个学习过程，学生们参与度很高，他们反复试验、不断改进，克服种种困难，通过各种方式展示交流，不仅仅收获了"风力发电模型"制作的成功，而且在真实的体验和感受中，也获得了磨炼和提升。他们的思维被激活了，不是简单地模仿别人，而是自己积极思考，体现自己的独创性，体会团队合作的重要性。

2. 运用数字系统 促进问题解决

本项目运用 DIS 多量程电流传感器测量风扇带动小电机转动所产生的电流数值，将原本"模糊的结论"通过"数字"变为"清晰的结论"，将"不清晰的现象"通过"数字"变为"清晰的现象"，将"无法研究的过程"通过"数字"变为"可以研究的过程"，根据数据显示模块上的数字来作出判断和选择，通过持续性的探究来达到对问题的解决。数字化实验系统的连续、实时记录、处理数据的方式能有效反映实验过程中的变化过程，学生不会因为繁琐的记录、计算过程而忽略实验过程中的任何现象，有更多的时间去设计、思考与分析，实现了课堂学习时空的重新分配。

（二）问题改进

本项目主要以自然学科为主开展跨领域实践，涉及自然、劳动技术、数学等领域的相关基础知识与技能，鼓励学生在探究式的学习环境中，运用多学科知识经验主动分析问题、解决问题，通过持续的设计、思考、构想、制作、改进，完成自主构建，使学生在解决实际问题的过程中，经历完整的工程流程，尝试克服工程实践中遇到的问题，不断迭代产品，突破项目目标，逐步掌握运用所学科学知识与技能解决工程实际问题的思路和方法。

在实践过程中，也存在着一些不足之处有待改进，例如，知识的迁移与运用，在开展项目化学习活动的过程当中，我们引导学生在动手和思维、在身体和大脑之间建立起联系，让孩子在真实的世界和抽象的思维之间不断地建立起相互的关联，进行深入的思考和学习。如何评价学生将习得的知识和能力在人类世界中真实使用，让学生看到知识和世界的某种联系，认识解决这个问题的思路在现实生活中是可以迁移的，还有待进一步的研究。

第四章　自然与生物

　　"自然与生物"课程是一门包罗万象的课程。自然，可以指代自然界的各类现象，也可以关联生活中的自然常识，它可以涉及天文、地理、物理、科学等。生物是指具有动能的生命体，生物最重要和基本的特征在于生物会进行新陈代谢及遗传。自然中离不开生物的存在，而生物又依赖自然界生长。小学生热爱一切美好的东西，喜欢与大自然亲密接触，也喜爱大自然中的一草一木。"自然与生物"凸显科学教育主题，重视动手实践。它让学生了解大自然的变化，探索科学奥秘。它也凸显生活体验主题，感受大自然的生长规律。它还可以凸显跨学科交融，用文字描述、用数据对比、用绘画绘制、用语言讲述等多种方式促进与自然界相关的多学科知识的共性发展。

　　"自然与生物"课程从学生感兴趣的自然现象与常识出发，引导学生关注与留意身边的动植物，感知与微生物有关的自然现象，了解生物多样性和自然规律性的原则。关注培养学生的科学精神、探究意识、实践能力、科学观念。"自然与生物"主题课程包含五个年级 10 个学期，内容紧紧围绕自然与生物展开，根据各年级不同年龄段的学生认知水平与接受能力进行设计。旨在一定程度上引导孩子有意识地关注自然，观察自然界的各种有趣的现象；关注生物，知晓如何研究生物的一些基本方法。进而帮助学生放慢行走的步伐，留意身边的万物变化，怀着好奇寻找自然与生物变化的规律，探究自然界的奥秘。
（表 4-1）

表 4-1   1—5 年级"自然与生物"主题及其内容

年级	主 题	内 容
一	树叶为什么变色	不同季节植物颜色变化，植物体内色素种类，叶色层析实验、扎染等。
	杂草从哪里来	观察人工种植园中的植物情况，身边的杂草图谱，探究杂草的来源、制作草籽怪人等。
二	校园植物地图	认识常见植物，校园植物识别，校园植物图谱，自然笔记，自然摄影，校园植物名录，校园植物地图制作等。
	病毒的真相	什么是病毒，病毒和细菌的区别，病毒史，新冠病毒，病毒的科学预防与救治。
三	天然酸碱指示剂	寻找生活中能制作天然酸碱指示剂的物品，观察不同指示剂遇到酸碱时的色彩变化，尝试利用指示剂变色的原理调出想要的颜色。
	有趣的鸡蛋	鸡蛋的结构，竖鸡蛋、为什么不能洗生蛋，小鸡的发育过程，亲自孵化一颗鸡蛋等。
四	乳酸菌的奥秘	牛奶是怎样变成酸奶的，探究乳酸菌的生长条件，尝试自己制作酸奶。
	护育松鼠茶园之土壤酸碱性	植物花的结构，结构植物的花，植物的花与传粉动物间的共同演化实例，制作、模拟相应的结构等。
五	松江野菜知多少	适宜茶树生长的土壤环境是怎样的？松鼠茶园的土壤条件是否适合茶树生长？一起利用身边的材料对茶园的土壤环境进行改善。
	寻找水熊虫	什么是水熊虫，水熊虫的寿命，如果找到水熊虫？水中的其他"居民"——缓步类动物、藻类等微生物等。
	多样的云	云有各种形态，不同形态的云有什么特点吗？云的形状与天气有怎样的关系？在实验室能不能制造一朵云出来呢？

"自然与生物"主题课程以科学客观知识为依据，挖掘小学阶段各学科中关于自然与生物相关问题进行深度研究。简单的问题可以从一花一草的养护、刮风下雨的原因等一些常见问题入手，稍难一些的，可以是"如何施加外力让物品变质？""如何改变物品的结构？"

等诸如此类的高阶问题。以观察比较、实验并行的方式贯穿学习过程，并设计内容详实的评价量表，便于学生针对量表自我评价赋值。

"自然与生物"主题课程采用 PIE 实施模式。第一阶段采用"P 模式"（problem），选择"真"问题、演绎"真"情境。学生在真实驱动性问题的指引下，能自主投入对课程的探究任务，且驱动性问题会令学生组成联系紧密的项目组，为了达成共同的目标，每个成员都会自发为之努力。根据驱动性问题，学生进行项目方案设计，将驱动性问题分解成若干个相互关联的、指向解决驱动性问题所需要的知识和基本技能的子问题。

第二阶段采用"I 模式"（Implement），注重动手实验与数据分析。PIE 课程学习同时具有高阶性与低阶性知识，指向对学生学习素养的培育。在 PIE 课程中，学生会经历大量的真实实践、动手实验、互动协作、自主探究等形式，会使用问题解决、创见、决策、实验、调研和系统分析等高阶认知策略，且 PIE 课程注重高阶认知策略和低阶认知策略的搭配，用高阶学习包裹低阶学习，实现知识与能力的再构建。此阶段，学生在解决一个真实而又有挑战性的问题中，会经历持续的探究，学生能更专注、更具有主动性和投入性，同时会让学生对关键概念的理解更为透彻、持久，更容易在新情境中进行概念迁移，有利于学生科学素养的培养。

第三阶段采用"E 模式"（Evaluation），用于过程性的量化评价以及最终的出项作品的评价。过程性评价中，为保障评价指标的有效性，需要指向清晰的分级量化评价指标与内容。终结性评价中，需要结合学生作品的功能性与创新性，以及外显的言语表达沟通能力与同伴协作能力综合对学生进行综合性评价。

以"牛奶变酸奶的奥秘"项目化学习为例，运用了 PIE 模式。P 模式选择学生感兴趣的饮食问题"牛奶如何变酸奶？"。驱动性问题情境是如何制作酸奶，并作为甜品在学校"仁爱下午茶"主题活动中进行分享。I 模式主要服务实验研究，大量的观察表、实验方案记录表、检验记录表、实验结果汇总表等等，帮助学生分阶段推进教学内容。E 模式是基于实验过程中各项环节完成对学生各项任务执行水平的评价。通过详细的评价内容，指引学生正确的实验研究方向。学生经历这一课程后对科学探究的流程有了清晰的认识和切身的体验，对微生物的生长条件等知识有深入的理解，并能够迁移至其他需要探究条件和影响因素的情境中，能够自主分析与之相关的问题。除此之外，对教师而言，PIE 模式是一种新的教学方式，教师使用新的教学理念实施课程，教学相长，对教师自身发展也有重要意义。

自然现象与自然生物可以激发学生无穷的探索兴趣。"自然与生物"课程培养孩子尊重事实、严谨认真的科学态度，在一起探索"自然与生物"课程生物世界的过程中，锻炼其观察能力、思维能力、表达能力以及感知世界的能力，建立一种健康、自然、充满生机的生命观念。"自然与生物"课程，让生物自然化拥有无限可能。

智慧呈现

"牛奶变酸奶的奥秘"跨学科项目化学习案例

——上海市松江区泗泾第五小学　曹　婷

一、项目概述

学生在学习自然课《腐烂》这一单元过程中，对人们利用微生物的实例表现出了很高的兴趣，尤其是制作酸奶这一实例。学生们会提出关于酸奶的疑问：酸奶是怎样做的，酸奶跟哪种微生物有关系，酸奶的酸味是怎么来的？由此可见学生能够结合生活经验和自然课所学知识提出感兴趣的问题，并愿意对这些问题进行探究活动。

《上海市小学自然学科教学基本要求》对《腐烂》单元的教学目

标描述中提到：运用多种感官，选择恰当的工具对微生物开展研究；能用文字，符号和图表等形式记录观察和实验结果。在认识微生物的过程中，感悟微生物对人类生产和生活的重要影响，有用客观证据证明观点的意识。

学生进行充分的实践探索，有助于教学目标的落实，而基于真实情境，问题驱动的项目化学习，能激发学生主动探究，尝试解决自己提出的问题，并在这一过程中，形成对核心知识的深刻理解和发展解决问题的能力。因此，教师作为学校项目化学习工作室成员，根据学生提出的问题，围绕"牛奶变成酸奶的奥秘"设计并开展了项目化学习，引导学生对制作酸奶常用乳酸菌（后文简称乳酸菌）能旺盛生长的具体条件做出猜想，根据猜想的温度梯度，光照，空气接触的因素，利用控制变量法设计对照试验，观察牛奶加入乳酸菌后的变化情况，从而发现乳酸菌旺盛生长的适宜条件。

说明文是一种十分重要的语文课程中的写作文体，要求学生能了解基本的说明方法，并能够搜集资料，用恰当的说明方法将某一种事物介绍清楚。在这一项目中，学生会亲自体验制作酸奶的整个过程，为说明文的写作练习提供了很好的素材。同时使用文字将实验探究和制作过程记录下来，能够帮助同学们梳理归纳探究过程。文理科的综合运用，相辅相成，提高学生的综合能力。

二、挑战性问题

（一）本质问题

如何研究一个自然与生物的科学问题？

（二）驱动性问题

微生物与我们的生活息息相关，有的会引起疾病，危害人类和动植物健康；有的与我们和平共处，互不影响；有的则可以加以利用，成为我们的好帮手……生活中有许多人类利用微生物的实例，酸奶的制作便是其中一种。学校的仁爱集市每月都会开张，你能为集市献上一份亲手制作且美味健康的甜品吗？我们一起来亲手制作酸奶，并为来集市品茶的小朋友提供一份酸奶的产品指南吧！

三、项目目标

（一）知识与能力目标

1. 通过对乳酸菌生长条件的探究，知道乳酸菌的生长需要适宜的温度，隔绝空气等条件，知道有的微生物可以被人类利用。

2. 通过设计方案、实施方案、交流讨论等活动，学习一些科学探究的方法，提高动手实验的能力。

3. 通过实际运用实验结论，激发对自然科学的兴趣，养成关注身边事物，善于发现问题的习惯。

4. 了解基本的说明方法，并用恰当的说明方法将某一种事物介绍清楚。

（二）高阶认知

1. 问题解决：解决"牛奶是怎样变成酸奶的"这一实际问题。

2. 决策：对项目组选择探究的条件进行合理决策。

3. 创见：设计控制变量的实验方案，进行乳酸菌生长条件的探究实验。

4. 系统分析：对乳酸菌的生长情况进行观察和分析。

（三）学习素养

1. 探究性素养实践：围绕驱动性问题，分析酸奶与牛奶的区别，设计控制变量的实验方案，探究乳酸菌的生长条件。经历完整的科学探究过程。

2. 技术性素养实践：解决使用显微镜观察乳酸菌、正确在无菌工作台上进行操作等技术问题。

3. 调控性素养实践：积极参与项目活动，遵守项目组公约，有计划地完成项目，不断完善方案并进行实验探究。

4. 社会性素养实践：根据设计和实践，形成自己制作的酸奶的产品说明，对自己和同伴的学习过程和成果进行评价。

四、项目准备

1. 项目表单

（1）"观察纯牛奶与纯酸奶的区别"活动任务单；

（2）"探究乳酸菌的生长条件"实验方案设计单；

（3）"乳酸菌生长条件"实验结果记录表；

（4）"乳酸菌生长条件"活动评价表；

（5）"乳酸菌生长条件"学生个人评价表。

2. 学习材料

鲜牛奶、酸奶、冷冻乳酸菌种、离心管、培养皿、滴管、显微镜、载玻片、玻璃酸奶瓶、观察记录单、实验设计单、活动评价单、冰箱、微生物恒温培养箱、无菌工作台、高压灭菌锅等。

五、项目实施

（一）第一阶段：P（问题驱动）

1. 驱动性问题的提出

学生在自然《腐烂》这一单元中对微生物有了一定的认识，对人们利用微生物的实例表现出了很高的兴趣，尤其是制作酸奶这一实例引发学生思考：酸奶是怎样做的，酸奶跟哪种微生物有关系，酸奶的酸味是怎么来的？学生在项目化的学习中，发现微生物生长的环境要求，感受微生物与我们的密切关系。以学校仁爱集市为情境，引导学生主动制作可在集市上供品尝的甜品，激发学生主动参与项目学习的兴趣。

2. 组建项目团队，确定研究问题

（1）全班 40 名同学分成 10 个小组，每四人一组，成立项目学习小组，在探究的不同阶段会轮流担任记录员，实验员，材料员，交流员等分工。

（2）本项目化学习从同学们好奇的问题"酸奶是怎么做的"开始，学生通过使用多种观察方法进行对比酸奶和纯牛奶，并将结果记

录在"观察酸奶与纯牛奶的区别"活动单中，如表 4-2 所示。

表 4-2 "观察酸奶与纯牛奶的区别"活动任务单

观察纯牛奶与酸奶的区别		
	第 组 记录员：	
	纯牛奶	酸奶
阅读配料表		
闻气味		
显微镜观察		

结论：
1. 酸奶是由纯牛奶加入_____制成的。
2. 它使纯牛奶发生了这些变化：_____。

　　同学们首先品尝酸奶和纯牛奶，对比它们的配料表。接着使用显微镜观察纯牛奶和酸奶的稀释涂片，发现显微镜下看到纯牛奶是均匀的一片白色，而酸奶涂片能看到有结块、小点等。同学们组内讨论观察结果，完成活动任务单填写。同学们发现酸奶是由纯牛奶加上各种乳酸菌（有些还含有一些食品添加剂）制成的，乳酸菌使纯牛奶发生了一些变化，变得有酸味、黏稠等。通过对比多种不同品牌的酸奶，同学们还发现，酸奶中的常用乳酸菌有嗜热链球菌，保加利亚乳杆菌，乳双歧杆菌等等。同学们进一步思考，提出疑问，牛奶中加入乳酸菌就能够成为酸奶吗？还需要哪些条件？

　　3. 项目方案设计

　　学生们顺利入项后，在驱动性问题引导下，结合课本上的知识内容，对乳酸菌生长条件提出了一系列猜想。大家提出可能影响乳酸菌生长的因素有：温度、湿度（水分）、空气接触，类比植物的生长条件，还有同学提出光照也可能影响乳酸菌的生长。

经过讨论交流，大家认为针对制作酸奶这一问题，湿度因素不需要实验探究，因为牛奶已经给乳酸菌提供了液体环境。最终大家确定对温度、空气接触和光照这三个因素进行对照试验。

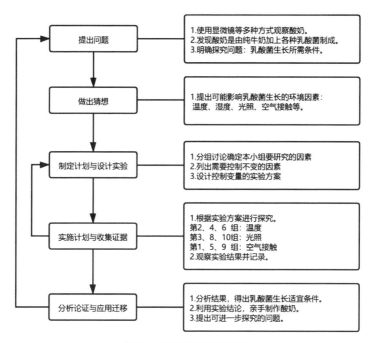

图 4-1　项目方案设计流程

（二）第二阶段：I（任务执行）

1. **项目探究过程**

（1）**子问题 1**：怎样制定计划与设计实验？

10 个小组通过组内讨论，选择了自己小组感兴趣的因素进行研究，最终确定为：

① 选第 2 组、第 4 组、第 6 组、第 7 组研究温度对乳酸菌生长

的影响；

② 第 3 组、第 8 组、第 10 组研究光照对乳酸菌生长的影响；

③ 第 1 组、第 5 组、第 9 组研究空气接触对乳酸菌生长的影响。

接着在教师指导下，他们结合实验方案设计单（见表 4-3）制定了实验方案，并在交流和讨论后对方案进行了完善，具体方案介绍如下：

表 4-3 “探究乳酸菌的生长条件”实验方案设计单

探究乳酸菌的生长条件实验方案设计单

第　　组　记录员：

我们的问题是：制作酸奶的乳酸菌生长需要哪些条件。	
哪些条件可能影响乳酸菌生长？ ________ ________ ________ ________ ……	乳酸菌是否生长旺盛，我们可以观察 ________ ________ ________ ________ ……
选择其中一个条件来研究，我们选择 ________	
我们需要保持其他条件不变，包括：	
我们计划这样进行实验：	猜想将会发生的是：
为什么？	

① 选择研究温度的 4 个小组，计划将在纯牛奶中加入乳酸菌，倒入几支离心管中，分别放置在低温、常温、高温的环境下，观察纯牛奶的变化情况。选取冰箱冷藏室（4℃）作为低温组、室温（25℃）

作为常温组，对于高温的设置大家遇到了困难，有的认为许多微生物最适宜的温度是 37 ℃，应该设置 37 ℃为高温组，有的通过嗜热链球菌的名字猜想它适宜更高一些的温度，最终讨论确定将高温组设置为了 42 ℃。控制其他变量相同，观察纯牛奶 8—24 小时内的变化。

② 选择研究光照的 3 个小组，较快地达成了共识，将装有纯牛奶和乳酸菌的离心管分别放置在遮光的硬纸盒和敞口的硬纸盒里，保持其他条件不变，置于微生物培养箱中培养。

③ 选择研究空气接触的 3 个小组，分别使用带盖的离心管和敞开的培养皿装上乳酸菌和纯牛奶，控制其他条件相同，置于微生物培养箱中培养。

各小组经过组内讨论后，将实验设计方案及对实验结果猜想情况填入实验方案设计单，如图 4-2。

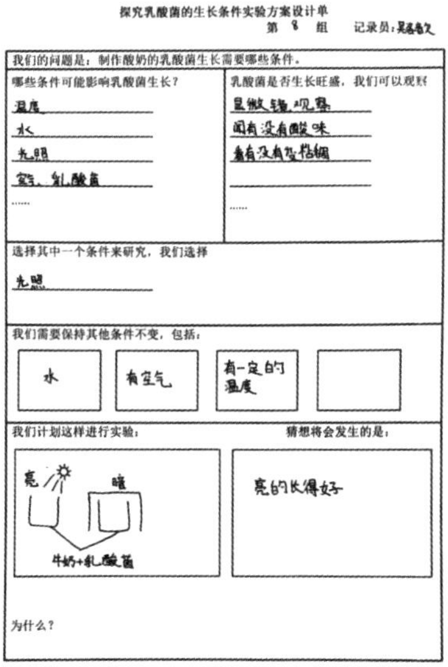
探究乳酸菌的生长条件实验方案设计单

第 8 组　记录员：

我们的问题是：制作酸奶的乳酸菌生长需要哪些条件。

哪些条件可能影响乳酸菌生长？
温度
水
光明
空气、乳酸菌
……

乳酸菌是否生长旺盛，我们可以观察
显微镜观察
闻有没有酸味
看有没有变粘稠
……

选择其中一个条件来研究，我们选择
光照

我们需要保持其他条件不变，包括：
水
有空气
有一定的温度

我们计划这样进行实验：
亮　暗
牛奶+乳酸菌

猜想将会发生的是：
亮的长得好

为什么？

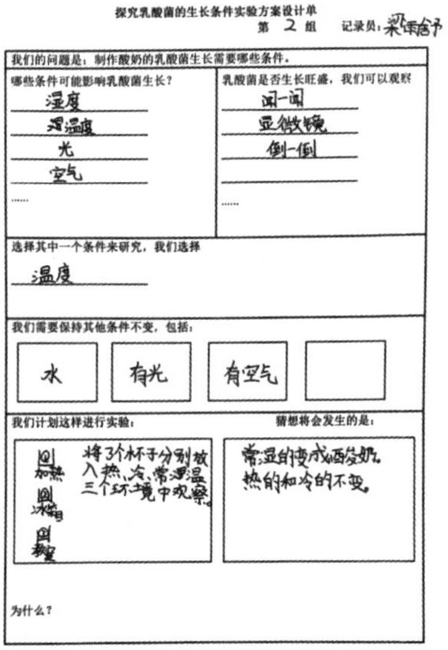
探究乳酸菌的生长条件实验方案设计单

第 2 组　记录员：

我们的问题是：制作酸奶的乳酸菌生长需要哪些条件。

哪些条件可能影响乳酸菌生长？
湿度
温度
光
空气
……

乳酸菌是否生长旺盛，我们可以观察
闻一闻
显微镜
倒一倒
……

选择其中一个条件来研究，我们选择
温度

我们需要保持其他条件不变，包括：
水
有光
有空气

我们计划这样进行实验：
加热
冰箱
教室
将3个杯子分别放入热、冷、常温三个环境中观察。

猜想将会发生的是：
常温的变成酸奶。热的和冷的不变。

为什么？

图 4-2　部分小组实验设计方案及对实验结果猜想情况

（2）子问题 2：怎样实施计划与收集证据？

进行实验时所用的乳酸菌来源于市售的需冷藏保存的酸奶。同学们在纯牛奶中加入适量酸奶，将混合液倒入离心管或培养皿中，标签上写好组别，标明具体的环境条件，根据试验方案置于相应的环境下进行培养（如图 4-3）。8—10 小时后观察结果（如图 4-4），并将结果记录在表 3 中。

表 4-4　"乳酸菌生长条件"实验结果记录表

我们小组选择研究 _____ 对乳酸菌生长的影响。

我们做了 _____ 组对比实验

	改变的条件	保持不变的条件
第一组		
第二组		

我们观察到的结果是：

分组	实验结果

实验结果与我们的猜想是否相同？

图 4-3　学生根据实验方案进行对比实验

图 4-4 学生观察实验结果并记录

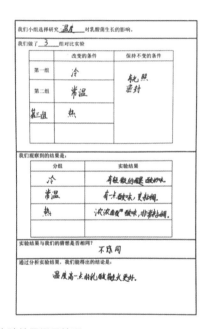

图 4-5 部分小组实验结果记录情况

　　由于每个小组选择的培养条件不同，各小组根据自身选择的具体条件填写相应的实验结果（如图 4-5）。各小组试验结果情况概括汇总如下：

表 4-5　试验结果情况汇总表

研究因素	研究小组	培养环境	实验结果
不同温度对乳酸菌生长的影响	第 2 组	低温组：冰箱冷藏室（4℃）	闻起来有点儿酸，流动性弱
		常温组：教室室温（25℃）	有浓酸味，变黏稠了
		高温组：微生物培养箱（42℃）	有浓酸味，变得非常黏稠
	第 4 组	低温组：冰箱冷藏室（4℃）	牛奶没有发生变化
		常温组：教室室温（25℃）	变得有一点儿黏稠
		高温组：微生物培养箱（42℃）	凝固了
	第 6 组	低温组：冰箱冷藏室（4℃）	管子里的液体和原来一样，没有变化
		常温组：教室室温（25℃）	有一点稠，闻着酸
		高温组：微生物培养箱（42℃）	很稠，闻着酸
	第 7 组	低温组：冰箱冷藏室（4℃）	还是液体状态
		常温组：教室室温（25℃）	成功变成了酸奶
		高温组：微生物培养箱（42℃）	凝固了
光照对乳酸菌生长的影响	第 3 组	培养箱内灯光照射	倒置离心管发现液体变得黏稠，倒不出来
		置于培养箱内暗盒	有强烈的酸奶气味
	第 8 组	培养箱内灯光照射	液体像凝固了一样
		置于培养箱内暗盒	液体变得有点儿黏稠
	第 10 组	培养箱内灯光照射	闻起来很酸，看上去很黏
		置于培养箱内暗盒	闻起来很酸，看上去很黏
空气接触对乳酸菌生长的影响	第 1 组	置于敞口暴露于空气中培养皿内	培养皿内的牛奶颜色不对，有点发黄，表面像有水珠，摸一摸发现是鼓起来的小气泡
		置于可用盖子密封的离心管内	乳酸菌生长得很好，牛奶变黏稠了
	第 5 组	置于敞口暴露于空气中培养皿内	培养皿里的牛奶变成了固体
		置于可用盖子密封的离心管内	牛奶变得很黏稠
	第 9 组	置于敞口暴露于空气中培养皿内	培养皿内的牛奶表面变得干干的，用手按一按发现底下还有点软
		置于可用盖子密封的离心管内	液体的流动速度很慢

（3）子问题 3：如何分析实验结果？

① 研究温度的 4 个小组的实验现象表明，加入了乳酸菌的酸奶在 4℃ 的环境下培养 10 小时，并未发生明显的变化，依旧是流淌的液体状态，第 2 组发现有酸味，思考后发现是原先加入的酸奶的味道。4 个小组均发现，在室温 25℃ 下，牛奶都发生了变化，有酸奶香味，流动性变弱，而在 42℃ 下，牛奶的变化则更加明显，味道更浓烈，流动性更弱，第 4 组和第 7 组观察到高温下牛奶"凝固"了，倒置离心管也不会流出来，后经老师提醒，使用玻璃棒搅拌发现，牛奶并非"凝固"，而是变成了"老酸奶"豆腐状的质感，搅拌后恢复流动性。

综合这 4 个小组的实验可以初步得出结论，乳酸菌在低温 4℃ 时几乎不生长，在温暖的室温下能够生长，在较高的 42℃ 下生长旺盛。

② 研究光照的 3 个小组在猜想时都认为光照对乳酸菌的生长有影响，有的猜测光照会杀死乳酸菌，有的认为乳酸菌生长需要光照。而 3 个小组的实验结果均表明，其他条件合适的情况下，有光和无光乳酸菌都能很好地生长，这一结果出乎同学们的意料。

③ 研究空气接触的 3 个小组，由于在自然课上学习防止食物腐烂的方法时，方法之一是隔绝空气，因此同学们猜测乳酸菌的生长是需要空气的，实验发现在培养皿中的牛奶由于暴露在温度较高的空气中，被烘干了，密封在离心管内，不接触空气的乳酸菌能够旺盛生长，这一实验结果与大家的猜想也不相同，同学们课后查找资料发现有一类微生物称为厌氧微生物，它们的生长是不需要氧气的。

根据 10 个小组的实验结果初步得出的实验结论为：乳酸菌在 42℃，密封的环境下能旺盛生长。

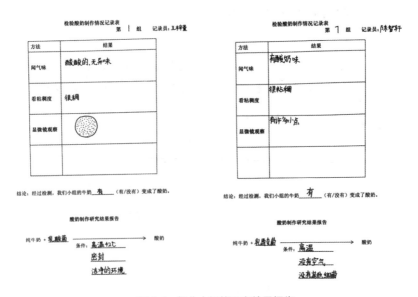

图 4-6　部分小组的研究结果报告

（4）子问题 4：如何撰写酸奶的产品说明

总结梳理整个探究过程，根据制作酸奶所使用的原料，写出酸奶的配料、营养成分，根据乳酸菌的生长条件，写出自制酸奶的保存时长、保存方式。根据探究过程中发现的乳酸菌的生存条件，写出食用时的注意事项等。还可以给自己制作的酸奶起一个好听的名字。

2. 成果修订与完善

实验过后，有同学发现，培养皿中实验剩下的牛奶酸奶混合物未及时清洗，上面长出了霉菌，因此同学们补充道，要想制作酸奶，不仅要让乳酸菌旺盛生长，还需要避免其他微生物的生长，注意制作过程的洁净。

根据实验结论，同学们使用纯牛奶和一小瓶酸奶为原料，自己尝试制作酸奶。为了避免制作过程中出现杂菌污染，教师帮助同学们使用高压灭菌锅对酸奶瓶进行了杀菌，并指导同学们在无菌工作台上

（见图 4-7）进行操作，纯牛奶与酸奶混合后将其放在培养箱中培养
10—12 小时。

　　制作完成后教师先对酸奶进行了观察和品尝，确保安全后同学们
喝到了自制的酸奶，也进一步验证了我们得出的条件能够让乳酸菌旺
盛生长。

图 4-7　实验所用设备：自左向右分别为无菌工作台，高压灭菌锅，微生物培养箱

图 4-8　学生亲手制作酸奶

（三）第三阶段：E（评价赋值）

1. 项目成果展示

通过本次项目化学习，学生了解了乳酸菌（图 4-9），应用实验结

论自己做出了酸奶并品尝（图 4-10、4-11），切身感受到了人们利用
微生物的实例，通过对乳酸菌生长条件的研究，知道了不同的微生物
有其特定的适宜条件，加深了对微生物的认识。通过撰写产品说明锻
炼了整理资料，交流表达的能力。

图 4-9　学生用显微镜观察到的纯牛奶与酸奶的区别

左：市售某品牌纯牛奶，右：市售某品牌酸奶

图 4-10　学生亲手制作的酸奶

"仁爱牌"原味自制酸奶说明书

配　　料：生牛乳、保加利亚乳杆菌、嗜热链球菌。　　保存方式：不含防腐剂，需冷藏保存，保鲜期不超过24小时。

营养成分：蛋白质、钙、脂肪。　　　　　　　　　　生产日期：2022年9月19日16:00。

食用方式：开盖即食，可加蜂蜜、水果等调味。　　产地及供应商：泗泾第五小学自然实验室 四 (6) 班探索项目组。

图 4-11　学生撰写的产品说明

图 4-12　学生品尝亲手制作的酸奶

2. 出项评价

整个项目化学习过程中，教师设计了评价量表（表 4-6、表 4-7），包括对于学生在小组活动中的整体表现的评价和学生个人在项目中的表现评价。在小组活动评价中，教师主要从四个维度进行设计，包括学习成果、学习习惯、学业成果和学业兴趣，激励同学们认真参与探究活动，并与小组成员团结协作。从学生个人评价来看，教师设计了多方主体交叉验证的评价方式，包括学生自我评价、同伴评价和教师评价三个角度，对学生在项目过程中的个人表现进行了评估。

表 4-6　小组活动评价表　　　　　　　表 4-7　学生个人评价表

小组活动评价表
第（　）组

评价维度	评价标准	达成情况
学习成果	能观察并记录纯牛奶与酸奶的区别	☆☆☆
学习习惯	小组分工明确，合作有序	☆☆☆
学业成果	能完成实验方案的设计	☆☆☆
学业兴趣	愿意继续探究制作酸奶的条件	☆☆☆

（备注：根据评价标准，在"达成情况"一栏中涂相应的星星数）
我们小组获得了_____颗星星（满星为 12 颗）。

学生个人评价表
第（　）组第（　）号　　姓名：

评价主体	评价维度	评价标准			达成情况
		☆	☆☆	☆☆☆	
自我	学习兴趣	想了解牛奶变成酸奶的原因。	想了解牛奶变成酸奶的原因，并能主动参与课堂讨论等活动。	想了解牛奶变成酸奶的原因，主动参与课堂活动，并愿意探究其他与食品有关的微生物。	
同伴	学习习惯	能进行观察、设计方案等活动。	能和同伴一起观察、设计方案等活动，有分工但组内没有明确分工。	能和同伴一起进行观察、设计方案等活动，小组分工明确，都能够按照部分工进行自己的任务。	
教师	学业成果	能说出酸奶的形成需要乳酸菌的作用。	能说出乳酸菌的作用，并能举例乳酸菌生长繁殖的条件。	能说出乳酸菌的作用，能列举乳酸菌生长繁殖的条件，并能完成实验方案的设计。	

（备注：达到评价标准的，可以在"达成情况"一栏中填入相应星星数）
我一共获得了_____颗星星（满星一共 9 颗）。

学生在实验过程中也在不断发现新的问题，后续针对这一主题继续开展活动，可以探究乳酸菌的发酵底物，储存方式对乳酸菌活性的影响，常温保存酸奶与需冷藏酸奶的区别等。

六、项目反思

（一）经验总结

1. 围绕真实情境，进行深入学习

项目化学习黄金法则之一为真实性，该案例中，学生以"自制酸奶"这一任务展开活动，来达到认识微生物的学习目的。从入项活动起，学生便可以用显微镜观察纯牛奶与酸奶的区别，真实的情境和问题，能够极大激发学生参与的兴趣。接着他们提出问题：乳酸菌生长需要怎样的环境条件，自主设计方案，真正做实验进行探究。并能够自己制作酸奶，品尝到自己制作的酸奶，并进行一系列的问题讨论与交流。

整个项目的实施，学生始终处于真实的情境中，通过观察到乳酸菌让牛奶发生的变化，品尝到使用乳酸菌制作的酸奶，切身感受微生物与我们的密切关系。以问题为驱动的学习过程，联系起了知识与生活，需要构建的新知识变得具体可感，学生在真实的情境中思考和解决问题，获得的知识和形成的能力也是真实的。

2. 巧妙搭建框架，学生自主探究

项目化学习中学生要经历持续性探究活动，从而达成对本质问题的认识和建构知识与能力。在这一案例中，学生需要运用已有知识为工具，对微生物生长的条件进行自主探究，而探究过程需要教师搭建好框架。学生针对乳酸菌的生长条件，进行控制变量的实验设计。教师设计了完整的活动单，首先引导学生列出可能的影响因素，包括温度、光照、水分、空气接触等等，通过讨论删去一些在这一实验中不需要研究的因素，接着自主选择小组想要研究的一个因素，写出需要控制不变的因素，画出实验方案等。在这一框架的引导下，学生能够一步一步设计出相对合理的控制变量的实验方案，并不断经历讨论、修改、完善这一过程。到后来检测自制酸奶时，已经能够较熟练地使用活动单为支架进行记录和交流。同时教师设计了详细的小组评价表和个人评价表，以此进行项目管理。

在整个活动过程中，学生的学习方式从接受学习变为探究学习，他们亲身实践，在亲历问题解决过程中构建知识并学会迁移。

3. 有效分工合作，兼顾全体学生

项目管理也是项目化学习的重要因素，在该案例中，学生对项目管理有较高的自主权。探究乳酸菌的生长条件，对学生个体而言有挑战性，因此合作学习很必要。制作酸奶这一项目任务将原本松散的小组变成了紧密的项目组，大家能围绕项目目标各司其职。在各个活动中，大家会经历不一样的分工，分别担任记录员，交流员，实验员等等，锻炼不同的能力。原本能力强的学生可以更加发挥个人能动性，能力较弱的学生也能够在老师和小组成员的帮助下，根据分工职责有针对性地完成任务，获得成就感与自我效能感。分工合作也保证了活动的顺利开展，课堂上当某个同学交流不够完善时，常会出现小组成员立刻举手补充的情况。项目组成员会通过过程性以及终结性的评价表，对自己和成员的表现进行评价，督促每个成员积极参与活动，认真完成分工任务。

4. 跨学科融合，延续学习能力

本科学科跨越自然和语文学科。出项成果一是成功制作酸奶，成果二是为自己研制的酸奶写一份产品说明书，并粘贴在酸奶瓶上。在这两个问题的驱动下，项目进行过程中学生参与度很高。他们能被课堂内容吸引，全程积极主动参与课堂活动，几乎没有出现注意力分散和不参与的情况。学生能够提出关于乳酸菌想继续探究的其他问题，课后也会提问或查找关于微生物的信息，对微生物产生了浓厚的学习兴趣，也不再畏惧设计实验这一有挑战性的活动。

在酸奶说明书的制作过程中，学生结合语文学科说明文的写作特点，将酸奶的特点依次罗列在说明书中。本课程既有动手实践的研究挑战，也有文学表达的辅助加分。激发学习热情，绵延学习能力。

（二）问题改进

本次项目化学习中，学生拥有充分的话语权，探究主题是学生自己提出的感兴趣的问题，研究内容由学生选择，实验方案由学生设计，最终学生可以拥有自己的成果，吃到亲手制作的酸奶，整个探究过程他们也能对自己和同伴的表现进行评价，充分鼓励了大家参与的积极性，同学们能自发推进项目进展，主动学习。

但这一案例只是以项目化形式开展教学的初步探索尝试，制定的对比实验方案比较粗放，例如对温度的研究，可以设置更多的温度梯度，还有研究同一个因素的几个小组之间形成了重复试验，而由于资源限制，每个小组并没有再设置重复试验。在研究空气接触这一因素时，暴露在空气中的组在实验过程中牛奶的水分被蒸发，没有能够控制湿度这一无关变量不变。另外，由于学生年龄尚小，本项目在研究一个因素时，其他因素默认保持了最适情况，而没有进行情况更全面的对比实验。学生年级更高后，可以进一步提高实验设计的严谨性。同时学生对这一学习方式还不够熟练随着项目化学习的持续开展，学生解决问题的能力必将得到提升。

"护育松鼠茶园之土壤酸碱性"跨学科项目化学习案例

——上海市松江区泗泾第五小学　乐　庆

一、项目概述

为丰富学生的劳动实践体验，泗泾五小在教学楼宽仁楼旁开辟了一片土地种植龙井茶树，命名为松鼠茶园。龙井茶树的生长会受到各种环境因素的影响，其中对土壤的酸碱性有特定要求。我校学生也对本校新建的茶园表现出很高的兴趣，教师适时激发学生思考：适宜茶树生长的土壤环境是怎样的？松鼠茶园的土壤条件是否适合茶树生长？我们能否利用身边的材料对茶园的土壤环境进行改善？这些问题将科学知识与学生的真实生活联结在一起，激发了学生思考和探究的兴趣。

四年级的学生乐于关注自然现象，对身边的事物充满好奇，乐于参与探究活动。同时，他们已经经历过科学探究的一般过程，多数学生能够运用观察、调查、实验等方法认识事物和现象，并可以运用多种方式记录和观察实验结果，具备了初步的探究能力。

在此基础上，本项目围绕"茶园土壤的酸碱性"展开，涉及学科主要包括自然、劳动与技术、道德与法治。学生化身小小茶树研究者，进入茶园观察、取样，体验劳动的辛劳与乐趣；运用多种方法对土壤的酸碱性进行测试，初步掌握解决问题的基本思路，锻炼使用工具的能力，并培养积极探索、严谨求证的科学态度。最后，学生根据探究活动得出结论，提出向本校碱性土壤中加入酸性肥料进行酸碱中和，并利用果皮等材料制作酸性有机肥液，树立可持续发展观念。

二、挑战性问题

（一）本质问题

如何借助科学的手段来优化自然环境？

（二）驱动性问题

茶文化有着悠久的发展历史，至今，种茶制茶仍然是许多人热爱的职业。古有"茶圣"陆羽隐居湖州妙西完成旷世之作《茶经》，今有五小学子走进"松鼠茶园"护育茶树茁壮生长。为了完成这一目标，我们可以从多个方面对其进行养护，其中茶树对土壤的酸碱性有特定的要求，那么我校的土壤环境是否适合龙井茶"安家"呢，如果不适合，我们如何通过科学测量来调节茶园土壤的酸碱度，让土壤更适宜茶树生长呢？请大家对茶园土壤环境进行检测分析，向学校出具一份检测报告，并提出可行的改良土壤的建议或方法。

三、项目目标

（一）知识与能力目标

1. 通过搜集图片、影像、实物等丰富资料，调查西湖龙井的生长环境，分析资料，知道土壤的酸碱性对茶树生长的重要性。

2. 通过测定溶液的酸碱性，观察、记录广泛试纸的变色现象，总结广泛试纸的变色规律，知道 pH 酸碱度可以表示溶液酸碱性的强弱。

3. 通过采集茶园土壤、测量土壤的酸碱度，比较茶园土壤的酸碱度和西湖龙井最适土壤酸碱度，体验农业劳动的辛劳与乐趣，提升处理数据和分析数据的能力。

4. 通过设计实验、实施方案、交流讨论等活动，初步认识酸和碱会发生反应，解决调节土壤酸碱性的实际问题，提升科学探究的能力和解决问题的能力。

5. 通过制作橘子有机肥液，知道湿垃圾也有利用价值，树立可持续发展的绿色生活观念。

（二）高阶认知

1. 问题解决：解决"如何调节松鼠茶园土壤酸碱性"的现实问题。

2. 决策：对酸碱反应的假设从事实角度进行合理分析、判断。

3. 创见：设计实验方案，进行调节酸碱性方法的探究实验。

4. 系统分析：对溶液的酸碱性进行观察和分析。

（三）学习素养

1. 探究性实践：围绕驱动性问题，设计调节溶液酸碱性的探究实验方案，获取调节土壤酸碱性的事实依据。

2. 技术性实践：解决正确使用 PH 试纸、PH 计测定溶液酸碱性等技术问题。

3. 调控性实践：根据假设进行科学探究，自主设计并完成实验，从事实的角度分析实验，并将分析所得的信息应用于解决实际问题。

4. 社会性实践：根据设计和实践，对本组之中的分析进行评价、小结，从而能够更好地得出结论。

四、项目准备

1. 项目表单

（1）"护育松鼠茶园之土壤酸碱性"学生活动记录单。

（2）"护育松鼠茶园之土壤酸碱性"学生评价单。

2. 学习材料

PH 试纸、铲子、一次性杯子、筛子、电子秤、称量纸、烧杯、量筒、玻璃棒、PH 计、氢氧化钠溶液、盐酸溶液、橘子皮、塑料瓶。

3. 技术设备

一体机、平板电脑、实物展台

五、项目实施

（一）第一阶段：P（问题驱动）

1. 驱动性问题的提出

学校在"松鼠茶园"中种植了一批龙井茶树，而茶园的土壤是另外购买的土壤，学生对我校茶园的土壤是否适合茶树的生长表现出很高的兴趣，松鼠茶园茶树的移栽引发学生思考：适宜茶树生长的土壤环境是怎样的？松鼠茶园的土壤条件是否适合茶树生长？我们能否利用身边的材料对茶园的土壤环境进行改善？

2. 组建项目团队

全班学生以 4—5 人一组成立项目小组，共分成 9 个项目小组，学生根据项目活动单，进行项目小组取名、项目成员的角色分配以及项目小组公约制定。

3. 项目方案设计

本项目化的开展起源于学生对茶园土壤环境的好奇，学生通过平板电脑搜集适宜茶树生长的土壤环境，并将搜集到的信息记录在项目组信息表中，如图 4-14 所示。

图 4-13　成立项目小组

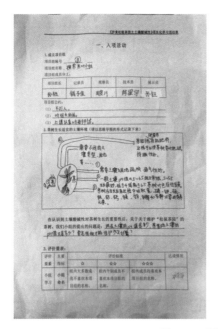 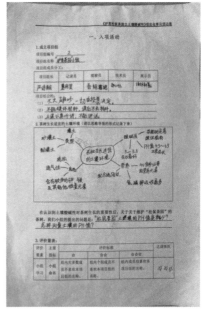

图 4-14　项目组信息表

　　同学们在调查适宜龙井茶生长的土壤环境的过程中发现，茶树喜欢生活在透气性好的土壤中，由于根系能更好地呼吸，植物因此能茁壮成长。同时发现龙井茶对土壤的酸碱性有着严格的要求，适合生长 pH 酸碱度在 4.5—6.5 之间。同学们进一步思考，提出问题：我们茶园的土壤的酸碱性适合茶树生长吗？并在驱动性问题的引导下，学生引发了更多的疑问，如：酸性土壤应该是怎样的？可以用什么工具检测土壤酸碱性？如何检测茶园土壤的酸碱性？土壤的酸碱性可以调节吗？

　　根据本项目的驱动性问题，可以将其分解多个子问题，项目设计思路如图 4-15 所示。初步确定解决问题的基本思路后，各小组运用了多种方法进行探索、求证。

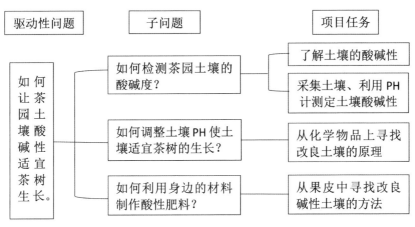

图 4-15　驱动性问题、子问题和项目任务之间的关系

（二）第二阶段：I（任务执行）

1. 项目探究过程

（1）子问题 1：如何检测茶园土壤的酸碱度？

　　围绕子问题 1，各项目小组利用平板电脑查找资料，搜集判断土壤酸碱度的办法，并对相关方法进行及时地记录，如图 4-16 所示。

1.调查检测土壤的酸碱性方法

方法一：颜色	酸性土壤颜色较深黑,褐色,黄色等色 碱性土壤颜色浅,板结呈白的浅色等。
方法二：质地	酸性土壤系地疏松透气透水性强 碱性土壤系地坚硬,通气透水性差
方法三：聚结度	酸性土壤松较易散开 碱性土壤发粘不易散开
方法四：PH试纸	pH值=7中性 pH值<7 酸性 pH值>7 碱性
方法五：电子检测仪器	同上

图 4-16   检测土壤酸碱性方法记录表

通过调查，学生发现靠肉眼观察土质来判断土壤酸碱性的方法对专业性的要求较高，并存在一定的不确定性，有的学生提出可以利用 PH 试纸进行检测。接着，在教师的指导下，学生尝试使用实验室的广泛试纸对溶液进行酸碱性的测试，如图 4-17 所示。在实践了不同溶液在广泛 PH 试纸上的显色反应后，学生发现借助 PH 试纸的颜色变化，可以区别溶液是酸性、中性或碱性，但对 PH 数值难以做出更精确的判断，随后学生们决定选择精确度更高 PH 计检测。

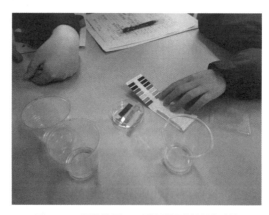

图 4-17   学生使用 PH 试纸检测溶液酸碱性

学生进入茶园对土壤进行观察和取样，取土方法采用5点取样法，分别从茶园对角线上5个点位进行取样，如图4-18所示。各小组采取五个领域上2～10厘米土层中的土壤为检测样品，将采集的土样两两一组放入材料盒中，在上面覆盖白纸防止灰尘的落入，进行室内自然风干一个星期，如图4-19所示。

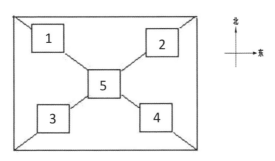

图 4-18　茶园5点取样示意图

图 4-19　学生采集土壤过程

一周后，同学们在自然教室按照教师提供的"土壤酸碱性检测记录单"上的实验步骤，展开对土壤酸碱度测定的实验，从土壤过筛、天平称重、量筒量水、玻璃棒搅拌、溶液静置到用PH计测定，读出所采集土壤的PH数值，如图4-20所示，并将实验过程和结果记录在表单中，如图4-21所示。

图 4-20　学生测定土壤酸碱度过程

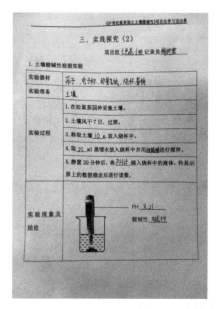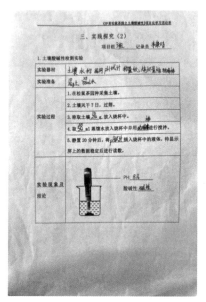

图 4-21　土壤酸碱性检测记录单

总结各组实验结果，概括汇总如表 4-8。

表 4-8　实验结果汇总表

项目小组	土壤 PH 值	土壤酸碱性
1	8.60	碱性

（续表）

2	8.34	碱性
3	8.09	碱性
4	8.64	碱性
5	8.21	碱性
6	7.92	碱性
7	8.25	碱性
8	8.16	碱性
9	8.03	碱性

（2）子问题2：如何调整土壤PH使土壤适宜茶树的生长？

虽然各小组采集的土壤位置有所差异，实验过程中也存在一定的人为误差，但从整体数据来看，学生们发现松鼠茶园土壤的酸碱度与茶树适宜的酸性土壤环境存在较大差异，接着教师提出子问题2：如何调整学校偏碱性的土壤使茶树更好地生长。学生在之前认识了物质的酸碱特性后，很自然地提出在其中加入酸性物质，于是教师适时提出猜想：向碱性溶液中添加酸性物质，真的可以改变物质的酸碱性吗？学生纷纷提出自己的猜想，各小组经过组内讨论后，将实验猜想和实验设计方案填入到实验方案设计单中，如图4-22。

学生根据自己小组设计的实验方案展开实验，如图4-23所示，并将结果记录在实验结果记录单上，如图4-24所示。

学生完成实验后，从PH试纸颜色变化的事实角度分析实验，发现向碱性溶液中不断滴加酸性溶液，PH试纸的颜色从蓝紫色逐渐向橙红色变化，同时，学生也进行了反向实验，向酸性溶液中不断滴加碱性溶液，用PH试纸检测，试纸的颜色从橙红色逐渐向蓝紫色变化，对观察到的实验信息进行加工，得出结果酸性溶液和碱性溶液可以发生反应，在碱性溶液中加入酸性物质可以调节溶液的酸碱性。同学们

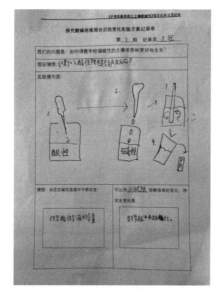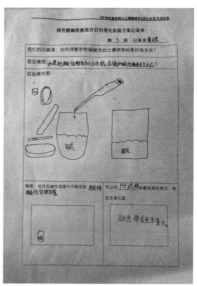

图 4-22　部分小组实验方案设计单

图 4-23　学生根据实验方案展开实验

根据实验结果和相关资料的查询，初步得出问题"如何调整学校偏碱性的土壤使茶树更好地生长？"的解决办法：向其中加入酸性肥料进行酸碱中和来调整土壤 PH 值。

（3）子问题 3：如何利用身边的材料制作酸性肥料？

通过交流实验探究的成果，教师接着提出"如何利用身边的材料

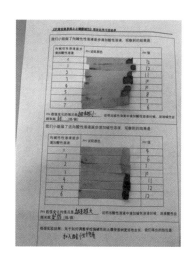

图 4-24　小组实验结果记录　　　　图 4-25　利用橘皮制作的酸性有机肥液

降低碱性土壤的 PH 数值",学生想到了一些生活中带有酸性的物质,比如白醋、橙子、柠檬、山楂等,怎样使身边的这些材料变成肥料呢?在教师的提示下,学生想到在三年级下册的自然课上,以及四年级下册的道德与法治课上,学习过利用厨余垃圾制作有机肥,我们可以利用橘子皮来沤制酸性有机肥液体。将剥下的橘皮保留,利用破壁机搅碎后放入空塑料瓶,再倒入半瓶水,并加入少量发酵菌加速发酵过程,如图 4-25 所示。

学生利用探究所得成果将本身是废弃的橘子皮进行再加工,成为调节土壤碱性问题的宝贝,变废为宝,体悟垃圾残余仍然是可利用的资源,形成可持续发展意识和绿色观念。

2. 成果修订与完善

教师发放项目实施每个阶段学生填写的任务单,学生回顾整个项目实施过程,完成土壤检测报告单,并把项目的主要活动:土壤采集、土壤酸碱度鉴定以及调节碱性土壤的方法绘制成以茶树生长为主题的小报,为学校今后茶园土壤的改良提供资料和意见。

（三）第三阶段：E（评价赋值）

1. 项目成果展示

通过本次的项目实施，学生在问题"茶园的土壤酸碱性是否适合茶树的生长？如何改良土壤的酸碱性？"的驱动下，对茶树生长的土壤环境调查，各项目小组撰写实验报告，将实验过程记录下来，如图 4-26 所示；并通过对问题进行拆解，完成酸碱溶液反应的探究，最终得出调节土壤的一般方法，并将结果绘制成小报，如图 4-27。

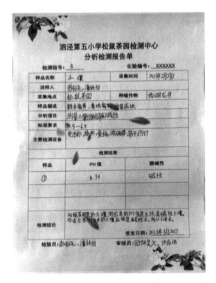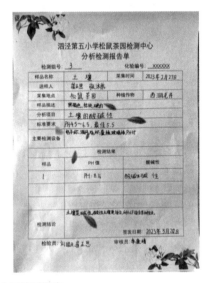

图 4-26　部分小组检测报告

项目小组的成员携带土壤检测报告对本小组的实验过程和结论进行汇报，并对附有建议的茶园小报进行展示，其他成员该小组的项目成果进行交流、点评，评选出最优秀的项目小组，将其项目成果提交给学校，为学校的土壤改良提供一点建议。如图 4-28 所示。

 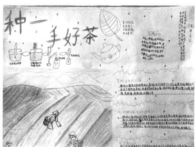

图 4-27　学生成果展示

图 4-28　项目小组成果展示汇报

2. 出项评价

项目最后，学生填写教师设计的评价量表，如表 4-9 所示，通过自评与互评，帮助学生发展语言表达能力，提高归纳总结能力，培养团队协作能力，同时也有利于学生相互启发与多向互动，进而打破固有思维、增强多元思维、激发创新思维，促使其在未来的学习和生活中积极主动地自我反思与完善自我，并不断提升实践创新素养。从评价维度，教师主要从三个维度进行设计，包括学习成果、学习习惯和学业兴趣，激励同学们认真参与探究活动，并与小组成员团结协作。从评价主体来看，教师设计了多方主体交叉验证的评价方式，包括学生自我评价、同伴评价和教师评价三个角度，对学生在项目过程中的个人表现进行了评估。

表 4-9　项目学习评价表

<table>
<tr><th colspan="6">项目化学习评价表</th></tr>
<tr><td colspan="6">项目编号_____　　　　姓名_____</td></tr>
<tr><th rowspan="2">评价主体</th><th rowspan="2">评价维度</th><th colspan="3">评价标准</th><th rowspan="2">达成情况</th></tr>
<tr><th>☆</th><th>☆☆</th><th>☆☆☆</th></tr>
<tr><td>自我</td><td>学习兴趣</td><td>想了解茶园土壤的酸碱性</td><td>想了解茶园土壤的酸碱性，并乐意采取行动去进行测定。</td><td>想了解茶园土壤的酸碱性，并主动采取行动去进行测定，想要探究与调节土壤酸碱性更多的知识。</td><td></td></tr>
<tr><td>同伴</td><td>学习习惯</td><td>能进行观察、设计实验方案、实施实验等活动，但组内没有进行分工。</td><td>能进行观察、设计实验方案、实施实验等活动，组内有分工，但未能按照分工有序进行。</td><td>能进行观察、设计实验方案、实施实验等活动，组内成员分工明确，根据需要进行互补，合作有序共同完成任务。</td><td></td></tr>
<tr><td>自我</td><td>学业成果</td><td>能够绘制茶树生长小报，小报能简单展示本项目组的研究过程。</td><td>能够绘制茶树生长小报，小报基本能展示本项目组的研究过程，包括作品设计、实验方案、改良意见等。</td><td>能够绘制茶树生长小报，小报能详细展示本项目组的研究过程，包括作品设计、实验方案、改良意见等。</td><td></td></tr>
<tr><td colspan="6">（注：达到评价标准的，可以在"达成情况"一栏中填入相应星星数）
我们一共获得了_____颗星星（满星 9 颗）</td></tr>
</table>

六、项目反思

（一）经验总结

1. 创设生活化情境，激发学生探究意识

驱动性问题是项目展开的核心和灵魂，紧密结合着重要的学科知识和任务，是构建学生认知和学习的路线图。项目化学习的驱动性问题的选择要求真实，在众多类型的情境中，贴近学生生活的情境最真实刚需，能促发学生独特的学习体验和参与项目实践的主动性，学生通过生活化问题构建知识网络，经历了知识生成过程，才能让所得知识和技能的效能最大化。

在本案例中，我们利用"如何让茶园土壤酸碱性适宜茶树生长？如何调节土壤的酸碱性？"为驱动性问题，吸引学生关注自己校园内的茶园，并在驱动性问题的引导下，学生引发了更多的疑问，通过网络调查茶树土壤的一般环境特点，对问题进行拆解、探究，从而实现借助实验探究及推理思维解决实际问题。

2. 转变教师角色，把握学生学习动向

整个项目化学习过程需要学生的高度参与，学生的自由度比在以往的教学中更高，这也对教师作为传统的主讲、主导角色提出了挑战，要求教师成为学生学习的支持者和辅助者，学生作为项目实施和发展的主体，教师要整体把握学生在项目中角色的独特性。本案例中学生对我校茶园的土壤是否适合茶树的生长表现出很高的兴趣，学生在调查了茶树适合的土壤环境后，催生出各种问题，"松鼠茶园的土壤的酸碱性是怎么样的？""酸性土壤是怎样的？""土壤的酸碱性能够改变吗？"等等，这时，教师不是直接发布任务，而是引导学生对同类问题进行分类，项目实施围绕同类问题的解决来展开，本案例中对应着两个任务：认识茶园土壤酸碱度、探究调节土壤酸碱度的方法，在任务的驱动下，大大激发了学生开展项目的兴趣和欲望。

3. 小组合作为载体，高效推进项目实施

项目化教学是以学生为主体展开的，学生主动进行项目管理。很多时候，学生个人无法独立完成项目任务，而"众人拾柴火焰高"，汇合集体的力量，学生就能完成更多的项目任务。本案例中以 5 人一组展开探究的方式成立项目小组，自主进行项目小组命名、项目成员的角色分配以及项目小组公约制定，受学习和成长的影响，不同的学生在不同的方面有着闪光点，有的观察能力强，有的实验操作技能高，有的总结归纳能力强等等，学生在整个项目实施中既可以发挥自己的长处，也能因为角色的转换锻炼自己某一方面的能力，整个项目小组呈现团结合作的良好氛围，学生增强学习自信心的同时，丰富了实践体验。

（二）问题改进

在本次项目化实施过程中，实验操作和记录方式还可以改进，例如：在学生探究酸碱溶液混合的实验中，用 PH 试纸的颜色分别记录碱性溶液中加酸性物质和酸性溶液中加碱性物质的变化，主要从定性的角度分析了酸碱中和的过程，还可以引入 PH 传感器，实时记录溶液中 PH 数值的变化，从定量的角度认识酸碱反应变化。另外，本项目实施过程中以"酸碱能否发生反应"为假设展开探究，再基于 PH 试纸变色的证据进行分析推理，解释了自制的酸性有机肥液和调节松鼠茶园土壤碱性的关系，但对于产品的实效性未能展开进一步研究，后续也可以针对这一主题展开活动，可以选择试验田对学生制作的酸性有机肥液进行长周期观察，进一步来判断其可靠性。

第五章　艺术与人文

　　"艺术与人文"主题课程覆盖学科较为广泛，艺术学科在小学基础型课程里一般以美术学科和唱游/音乐学科为主，属于人文科学的领域。人文学科的定义为自然学科和社会学科之外的学科，是研究人类的信仰、情感、道德和美感的各门学科或内容的总称。在小学基础型课程里一般以语文、道德与法治、英语学科为主。艺术与人文涉及学科的相对共性是情感上的共情与感官上的审美，因此我们设立同名主题，打通这些学科间的壁垒，交织跨学科的内容和知识。在艺术学科中渗透人文知识，延伸学科边界。在人文知识中增加艺术渲染与技能支持，在艺术生成的过程中以人文赋予、深化其价值。在解决问题的同时，衍生出新的知识、技能与情感的增长点。在课程实践活动中，学生动用多学科知识储备，通过思考、体验、交流、探究等方式，在项目化学习活动中致力于提升学生的问题解决能力，提升学生在艺术与人文方面的思维广度与深度，从而进一步培养学生实践能力和艺术创新意识。

　　"艺术与人文"课程的特点是跨学科育人。它是最贴近立德树人教育的 PIE 课程，它利用相关学科的特征，关注学生情感上的变化、肢体上的体验以及精神上的感受，在项目学习中融入爱国主义、社会主义核心价值观、中华优秀传统文化、公民道德等育人元素，以艺育人、以文怡情，服务国家"人才需求"，温和地进行项目化学与教的方式变革，体现项目化育人价值。

　　"艺术与人文"课程设计了五个年级 10 个学期，每学期一个主题内容。内容的设计紧紧围绕"艺术与人文"主题展开，并且根据学生在不同年级和年龄阶段的特点进行设计。低年级孩子主要是通过项目化课程感受人文艺术，对音乐、美术等有直观的感受和了解，通过体验形成初步的审美观念；高年级学生需要在人文艺术领域中感受文化背后的内涵和历史积淀，在真实问题情境中找到文化现象的背后故事，并致力于探究这一文化现象出现的原因。在问题解决过程中，提升思维能力和语言文化表达能力。（见表 5-1）

表 5-1　　1—5 年级"艺术与人文"主题及其内容

年级	主　题	内　涵
一	花花草草来作画	自然界的植物叶与花，叶画欣赏、花瓣画欣赏，叶画制作，花瓣画制作等。
	植物印染	植物色素，收集不同颜色的植物叶，制取植物色素，进行植物印染等。
二	简易乐器	常见的简易乐器：水杯琴、油桶鼓、少数民族的竹梆等，自制乐器，调音，用自制乐器自组乐队演奏校歌等。
	蛋壳画	蛋壳画欣赏，蛋的选择，蛋的清洗，蛋雕欣赏，蛋壳绘画方法，作品评价等。
三	《诗经》中的植物	《诗经》简介，古诗词中的植物称谓，古籍中的植物绘画，古今植物对照等。
	《诗经》中的动物	《诗经》以及其他古诗词中的动物称谓，古籍中的动物绘画，古今动物对照。
四	唤醒沉睡的土家族吊脚楼	吊脚楼的文化背景、历史背景，吊脚楼如何改造成现代农家乐，吊脚楼农家乐的宣传及推广。
	松江的什锦锣鼓戏	什么是山海经，古籍中的动物绘画，古今动物对照，山海经异兽周边文创设计等。
五	山海经异兽—潮文创	借助《山海经》这一古老神秘的书籍，一起探究以"山海经异兽"为 IP 形象的国潮文创设计。
	现代皮影戏——我是动画制作人	电影原理，动画种类，道具制作，动画编剧，视频制作与简单剪辑等。

　　"艺术与人文"课程不同于传统的重感悟、重阅读、重形式的人文主题课程。它采用 PIE 实施模式：第一阶段采用"P 模式"（problem）；第二阶段采用"I 模式"（Implement）；第三阶段采用"E 模式"（Evaluation）。P 模式是问题驱动模式，选择有故事的问题，可以是当下社会热点引发的问题，也可以是日常学习生活中的有关话题等等。如可以选择一首歌，也可以分享一则新闻故事，挖掘其中育人启智的切入点，融入各类价值观教育。I 模式是任务执行，它不同于科学实验类课程，很少采用科学记录表与观察分析表等直观方式，而是通过学生外显的肢体展示、语言表达、团队协作去呈现项目作品。E 模式指向评价赋值，既需要关注学生出项成果或作品的评价，还需要关注对学生社会与情感能力的评价。

　　PIE 模式的运用让"艺术与人文"课程的推进更具有项目化学习的特征，重视学生在真实情境中进行实践与探索。课程项目聚焦学生真实生活与学习情境相关的问题，项目的驱动性问题大多基于观察和想象，思考与生活相关的问题，有很强的指向性，从而带动学生参与实践和学习体验。同时，整个项目的实施以 I 模式为主导，需要学生通过动手实践来完成每一个子问题，从而完成对整个项目的探究。项目推进过程中，全程融入过程性评价。不再固守单一的角度观察或思考问题，能在发现问题、解决问题中提升情感思维和审美能力，也能在情感思维和审美能力的提升中获得解决真实问题的能力，在系统化的项目解决过程中真正提高学生的核心素养。

　　"艺术与人文"课程的实施，增加学生对美好生活与学习的向往，让学生在较为轻松自由的环境中，接受艺术学科带来的美好感受与和文化熏陶，感受人文学科带来的精神内涵，习得社会发展中小学生的必备品格与生活技能。学生结合自己的跨学科知识去完成项目成果，可以是静态的，也可以是动态的。静态是指学生创作的项目成果，动态是指学生精神世界的感悟润行，动静结合，情感育人。整个过程是学科与课程的紧密糅合，是学习与生活的美好结合，是学生与作品的完美融合。

有意义的世界，是一个人文的世界，而发展的社会就是朝着人文的深度与广度不断延展。"艺术与人文"课程，不仅以追求美、创造美为归旨，更承载着对人文教育的思索与创新，让艺术人文化拥有无限可能。

智慧呈现

"山海经异兽—潮文创"跨学科项目化学习案例

——上海市松江区泗泾第五小学　许清源

一、项目概述

2022 年 7 月，迪奥的马面裙抄袭事件在网上引起了轩然大波，中国的传统文化元素被运用到国外的品牌中，但是很多外国人并不清楚哪些是复制的中国元素。这一事件也引发了学生们的广泛关注，在课堂讨论中，孩子们提出中华传统文化元素的普及与推广应用刻不容缓。当今，随着经济的快速崛起，我国涌现出一批国货精品，那么我们可以怎样将中国传统文化元素融入国货精品中，创建属于自己的国潮品牌呢？怎样让国潮品牌带动传统文化的宣传，增强大众民族自豪感呢？基于这些学生们关心的问题，教师决定从他们感兴趣的《山海经》读本入手，以项目化学习的形式，一起探究以"山海经异兽"为 IP 形象的国潮文创设计。

四年级的学生年龄尚小，还不能较全面地了解中华传统文化元素，但是他们对于山海经异兽的故事非常感兴趣。故事中，这些生存于中国古代的异兽，从肢体形态、肤色花纹到性情特性，都充满了中国特色，彰显着中国元素。学生通过关于这些异兽的文字描述去想象与创造出他们心中的山海经异兽，能从被动依葫芦画瓢式的绘画学习转变为基于文字描述进行自主创造的主体绘画。

作为跨学科项目化学习，本项目不仅需要美术创作，还涉及了道德与法治。在山海经异兽—潮文创课程中处处融入了爱国主义教育，学生能了解中国博大的精神文化，潜移默化中增强作为炎黄子孙的民族自豪感与荣誉感。

二、挑战性问题

（一）本质问题

如何利用文创产品的创设来激发学生关注中国传统文化的传承。

（二）驱动性问题

中国传统文化有着博大精深的文化内涵与精神底蕴，但是很多具有中国文化的元素正在普遍被他国产品挪用。为让更多的人了解和喜爱中国传统文化，本案例借助《山海经》这一古老神秘的书籍，带着学生一起以文创的形式再度复原与创造故事中的山海经异兽。

三、项目目标

（一）知识与能力目标

1. 通过搜集整合资料，了解《山海经》的文化背景，认识《山海经》中提及的异兽的相关传说。

2. 通过对比《山海经》中的异兽形象与现今动物的外形，探究古籍中的异兽是否存在于现今自然界中，了解传说与现实的关系。

3. 通过交流、讨论等，将年、月、日的知识与真实生活建立联系，结合对异兽形象的文字性描述，探究文创产品——异兽日历的组成元素及制作方式。

4. 通过制作国潮文创，运用各学科知识共同解决问题，锻炼解决问题的能力，激发对中国传统文化的兴趣，体验文化与生活的密切联系。

（二）高阶认知

1. 问题解决：解决"如何将《山海经》与文创相结合，推广中国的传统文化？"这一现实问题。

2. 决策：对文创产品的定位、设计的方向等内容进行合理判断。

3. 创见：设计《山海经》异兽相关文创，进行相关文化的传播。

4. 系统分析：将《山海经》异兽与现今动物进行对比分析。

（三）学习素养

1. 探究性实践：围绕驱动性问题，探究利用文创产品推广《山海经》文化的设计方案，通过对《山海经》文化背景的调查及对异兽传说的搜索，设计出以"山海经异兽"为 IP 的国潮文创产品，进行相关文化的传播。

2. 调控性实践：有计划地完成项目，积极参与项目研究，在遇到困难时能主动寻找解决方案，不断完善方案并改进作品。

3. 社会性实践：根据设计和实践，制作异兽日历及宣传道具，展示项目成果，对自己和同伴的学习过程和成果进行评价。

4. 审美性实践：对项目小组完成的作品进行美化，让小组的成果和展示方式更具艺术美感。

四、项目准备

1. 项目表单：

（1）"山海经异兽—潮文创"项目化学习活动学生系列记录表；

（2）"山海经异兽—潮文创"项目化学习活动学生系列评价表。

2. 学习材料：与《山海经》相关的书籍、视频资料、绘图工具、美术材料等。

3. 技术设备：电脑、投影设备、电子白板、实物展示台等。

五、项目实施

（一）第一阶段：P（问题驱动）

1. **驱动性问题的提出**

课间，学生在讨论课文《精卫填海》的内容，学生对《山海经》和书中提到的各类异兽特别感兴趣。结合对"新疆棉"事件的思考，提出驱动性问题：为了让世界了解更多的中国传统文化与具有中国元素的作品，我们能否借用《山海经》中异兽的文字描述为创造原型，融合时代元素与动物特征，将之创设成为具有中国特色的文创用品？

2. **组建项目团队**

此次项目采用4—5人小组探究方式，成立项目学习小组（如图5-1所示）。

图 5-1　成立项目组

教师制定了项目组的任务单，明确了项目小组名称、小组成员的角色及项目组需要探究的问题等（如表5-2所示）。

表 5-2　项目组任务单

项目名称：＿＿＿＿＿＿＿＿
项目组名称：＿＿＿＿＿＿＿
项目组成员：＿＿＿＿＿＿＿
探究的问题：＿＿＿＿＿＿＿

资料搜集员 （全员）	资料整理员 （1—2名）	记录员 （1名）	汇报员 （1名）

项目组公约：

(1) _____

(2) _____

(3) _____

各项目小组根据成员特长进行分工，包括资料搜集员、记录员、汇报员等。自主推荐一名组长，负责协调组内工作，并在组长的组织下共同制定项目学习小组的名称及项目组公约，完成项目组任务单。

3. 项目方案设计

本项目的出项成果是以《山海经》异兽为 IP 形象的文创产品。在项目主题实施下，学生需要了解这一 IP 形象，对比《山海经》中的异兽与现今动物的差别，了解异兽日历的组成元素和制作方式，研究 IP 形象背后蕴含的中国元素与传统文化，随后进行设计文创产品、改进作品以及最后的成果发布。

顺利入项后，随着目标的设定，学生会提出许多问题：什么是山海经？什么是山海经异兽？山海经异兽是否存在于现今自然界中？如何进行异兽形象的再设计？可设计的文创产品类型有哪些？异兽日历在生活中会起到怎么样的作用？教师负责帮助学生解决各种零散的问题，最终将问题聚焦于以下子问题中（如图 5-2），根据子问题的层层更迭与深入，完成整个项目化学习的过程，最终以出项成果的形式展示。

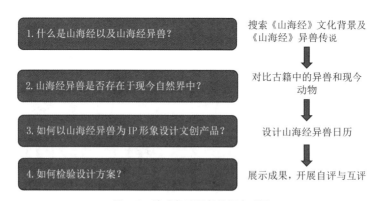

图 5-2　达成各子任务的标志成果

（二）第二阶段：I（任务执行）

1. 项目探究过程

（1）子问题 1：什么是山海经以及山海经异兽？

项目实施阶段以 I 模式为主导，环节中穿插过指向评价赋值的 E 模式。围绕子问题 1，教师提供参考书籍、相关视频及相关网址，为学生提供活动思路（见图 5-3）和指导支架，学生开始自主探究活动。教师带领学生到学校机房，学生根据子问题查阅资料（见下图 5-4），阅读思考，小组交流，并对收集到的资料进行分类与记录。

图 5-3　山海经相关书籍内容　　　　图 5-4　学生自主查阅资料

在完成该任务时，学生充分调动了已有经验和知识储备，以小组为单位，完成收集与调查，了解《山海经》的文化背景，了解《山海经》中出现的异兽传说。项目组成员集思广益，在搜索完与《山海经》相关的资料后，寻找可与之结合的中国传统文化元素（如祥云纹、海水江崖纹、锦鲤、中国结、青花瓷、甲骨文等）并记录下来，规划后续融合设计方向。（如下页图 5-5 所示）

图 5-5 中国传统文化元素   图 5-6 观看异兽相关视频

（2）子问题 2：山海经异兽是否存在于现今自然界中？

　　按照子任务 1 完成文化背景调查后，学生继续进行山海经异兽的学习。教师利用多媒体课件播放与《山海经》异兽有关的介绍视频（如图 5-6 所示），引导学生了解古籍记载的异兽的外形特征，对比现今的动物，思考有什么共同点，探究《山海经》中的异兽是否存在于现今自然界中。通过欣赏明清时期的异兽图与文字注解，与现今动物对比并填写活动学习单（如表 5-3 所示），列出古今对照外形类似的动物。例如：何罗鱼（一头十身）可能和乌贼类似。文鳐鱼（鱼身鸟翼）可能和飞鱼类似。小组成员在组长的安排下，完成任务单中的相关内容。

表 5-3 古今对比活动学习单

山海经异兽	特征描述	现今动物	特征描述
例：文鳐鱼	长有鱼的身体、鸟的翅膀，常在夜间飞翔。	飞鱼	胸鳍似鸟翼，能跃出水面十几米，能在空中停留 40 多秒。

　　项目过程穿插过程性评价，分为教师评价和学生评价两大类。在

子任务 2 的完成过程中，由小组内学生互评（评价量表见下表 5-4）。通过小组互评，引导学生发现自己参与活动的情况，也能帮助小组成员不断调整纠正自己的活动参与度，调动活动积极性。

表 5-4　项目学习过程评价表

评价人：＿＿＿＿＿＿＿＿＿

评价内容	评价标准	达成情况
环节一	能认真观看视频，积极参与讨论马面裙及新疆棉事件背后的原因，了解国潮的内涵与背后的驱动力，感受国潮品牌的魅力。	★★★
环节二	能积极举手发言，了解《山海经》的基本内容，学习相关知识，对驱动问题进行讨论与交流。	★★★
环节三	能积极参与小组活动，完成《山海经》文化背景与山海经异兽传说的收集与调查，寻找可与之结合的中国传统文化元素并规划后续融合设计方向。	★★★
环节四	了解古籍记载的异兽的外形特征，对比现今的动物，思考有什么共同点，探究《山海经》中的异兽是否存在于现今自然界中。通过欣赏明清时期的异兽图与文字注解，与现今动物对比并填写活动学习单，列出古今对照外形类似的动物。能积极参与小组讨论与交流。	★★★

（3）子问题 3：如何以山海经异兽为 IP 形象设计文创产品？

本项目的子任务 3 为以山海经异兽为 IP 形象设计文创产品。大部分学生对文创及 IP 形象并不陌生，通过观看视频，重温文创产品的定义，教师引导学生自主探究可设计的文创产品类型有哪些，如异兽公仔盲盒、台历、书签、帆布包等等。经过小组讨论与班级交流，最终学生们确立任务主题，将山海经异兽形象融合于日历中，形成系列文创产品。在确定主题后，教师引导学生按照项目组别，就日历画的种类和组成部分展开讨论：①日历的功能；②日历的造型；③日历的组成元素；④日历的制作方式。在讨论结束后，教师引导学生回顾数学课中有关于年月日的知识点，了解月份和日期的绘制方式。根据一年中月份和日期的对应，确定每个学生绘制的月份。

　　要突出异兽的特色，需要学生自主选择喜欢的异兽，进行异兽形象的再设计，教师可下发下异兽参考图和注解供学生参考（如图 5-7 所示）。

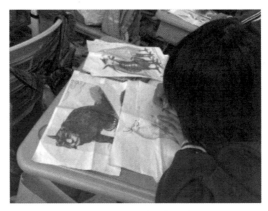

图 5-7　学生进行异兽形象的再设计

　　学生制作日历画，画面中需要出现异兽、名称、文字注解、背景及落款这五个内容。（如图 5-8 所示）背景的添画可以结合子任务 1 中，查找到的中国传统文化元素。

图 5-8　异兽日历设计要求

2. 成果修订与完善

教师组织学生思考绘制的日历所存在的问题，并有针对性地给出建议和意见，项目小组针对老师和学生的修改意见对本组作品进行修改润色和美化。最后学生根据绘制的月份将日历按序装订成册，完成作品。（如图 5-9 所示）

图 5-9　装订成品

（三）第三阶段：E（评价赋值）

1. 项目成果展示

教师组织学生展示最终作品，学生在全班范围内对成果进行展示交流。（见图 5-10）

图 5-10　项目成果展示

可利用学生绘制的雨伞作为布展的宣传方式，与所有小组的作品一同展示。（见图 5-11）

图 5-11　布展效果

2. 出项评价

在真实的文化传承与推广中，以山海经异兽为 IP 形象的文创产品将投入量产中，面向大众进行售卖。以此来检验项目对文化推广起到的效果并评估 IP 价值。而在学校的项目实践活动中，由于教师无法把学生成果和作品真正推向社会，接受大众的评估，因此采用了班级交流和校园连廊展示等方式进行出项成果的展示。

学生可以使用整体学习情况评价表（如表 5-5 所示）对项目过程中自己的参与情况进行自我评价，并分享自己的收获。学生评选出表现最佳的小组，教师对其进行表彰及奖励。

表 5-5　整体学习情况评价表

班级：_____　姓名：_____　组别：_____

项目	评价内容	自我评价	组员评价
交流 （15分）	我能够积极回应老师的提问，与小组的成员都能顺利地沟通交流。		

（续表）

项目	评价内容	自我评价	组员评价
活动 （15分）	积极参与项目学习的每个环节，制定了目标并且达成目标。		
分享 （15分）	能够分享自己的心得体会，完成自己的任务，为小组作出贡献。		
倾听 （15分）	能倾听他人的意见和观点，虚心接受老师与组员的指正。		
合作 （15分）	乐于与组员合作，能顾及他人的想法，帮助有困难的组员，实现 1＋1>2 的成果。		
在本次项目学习中，我表现得好的地方有哪些?（15分）			
在以后的项目学习中，我还需要加强的地方有哪些?（10分）			

六、项目反思

（一）经验总结

1. 文创产品　文化传承

绘画是入门较低的一门学科，但同时也具有重要的美育功能。这次通过文创产品的创作，让学生进一步了解山海经中描述的异兽，同时借用对异兽的再创作，拓宽学生的想象力与绘画力，也保留对传统文化的精神追随与爱国情怀的绵延相传。文创产品是文化传播的载体，他是把一些具有一定审美、艺术或者其他价值的物品通过一定方式制作出来的产品。本课程将开发过后的山海经异兽植根于各类文创作品中，也增加了学生艺术创作的热情与动力，更能向周边人介绍古今结合中发展正当代的中国。

2. 学科融合　育德育心

本课程跨越美术与道德与法治学科。它超越简单的美术学科范畴，而是让知识的学习延伸到古代书册《山海经》中。通过古文中对于各类异兽的描述语段，学生需要通过根据文字理解加自由想象的方式将这些异兽转化到画纸上。然后将含有中国元素的色彩、元素、特征融入到这些异兽的形体上，成为潮文创作品的代言。这不是一般艺术作品的模仿，而是加入学生感情的创作，能激发学生作为作品主创人员的自豪感，也让学生为中华文化转化为文创作品而感到高兴。

（二）问题改进

"艺术与人文"课程兼容多学科的知识，以搜查问题与动手实践贯穿全课程，在项目化学习实施的过程中，也有一些不足之处需要后续去思考整改。比如，在设计文创产品时，思考哪些文创产品可以有更大的影响力和实用性，在发挥其功能的同时，潜移默化地让更多人关注到山海经，关注中国传统文化。学生在创作了这些潮文创作品之后，该如何更好地提供交流或展示平台让他们在更大的舞台上去说说设计背后的故事，也将关于中国传统的文化故事传播得更远！

"唤醒沉睡的土家族吊脚楼"跨学科项目化学习案例

——上海市松江区泗泾第五小学　刘金芳

一、项目概述

为响应乡村振兴，传承民族文化，发展特色旅游经济的号召，刘老师家的土家族吊脚楼现需改造成一家农家乐，需要向同学们征集改造方案和宣传方案。基于这一真实问题，我决定带领同学们一起走进土家族吊脚楼，探寻土家族吊脚楼的奥秘。

小学四年级的学生大脑发育正好处于内部结构和功能完善的关键期，和低年级学生相比具有比较强的自主探究能力，有着强烈的好奇心与动手操作的能力。因此在教师的引领下，由学生合作探究，并交流分享具有实操性和可行性。小学生对中国的民族文化已经有了初步认识，但是身处上海，对具体的民族习俗、特色民居等并没有接触的机会和深刻的认识。刘老师来自恩施土家族苗族自治州，是一名土家族人，在对学生进行自我介绍时，同学们纷纷对老师的土家族身份产生好奇，也对改造吊脚楼产生极大的兴趣。

基于学生的学习需求和学情，我设计了"唤醒沉睡的土家族吊脚楼"项目化学习活动。旨在让学生通过一段时间的学习，更好地在探索、思考、实践等活动中获取建筑艺术的相关知识、发展建筑艺术的设计与创造能力、培养学生将建筑艺术与人文社会价值观相融合的思维品质。本项目主要涉及的跨学科科目有语文、美术、信息技术等多个学科。

二、挑战性问题

（一）本质问题

如何利用艺术与人文创造力为农村乡村振兴中遇到的问题提供解决方案？

（二）驱动性问题

随着旅游业的兴盛发展，刘老师的妈妈想把家里的吊脚楼改成农家乐和民宿，但是她不知道怎么在现有房子的基础上进行规划布局，对农家乐的构成和民宿房间定价也不是很了解，更不懂得如何宣传，想请同学们一起帮帮她们。接下来，请你和小伙伴一起，共同规划一份适合刘老师家的农家乐方案吧，并帮她们设计一份宣传海报。

图 5-12　吊脚楼原始图

三、项目目标

（一）知识与能力目标

1. 通过搜集整合资料，了解土家族的历史文化、地理背景，能理解吊脚楼的形成原因、房屋形状、材质结构、建造过程等。能通过合理的评估与分析，了解吊脚楼的优缺点。

2. 探究吊脚楼缺失的现代功能，了解吊脚楼改造成农家乐需要添加哪些因素。

3. 通过小组合作与探究，能与同伴一起发现问题、解决问题。思考吊脚楼农家乐的构成要素及宣传方式。

4. 能够创新表达方式，运用多种手段和方法为吊脚楼的文化宣传提供支撑。

（二）高阶认知

1. 问题解决：解决"怎么样把传统吊脚楼改造成为农家乐？"这一现实问题，进而思考"怎么样宣传吊脚楼吸引顾客？"

2. 决策：对吊脚楼农家乐的规划、布局、定价等内容进行合理判断。

3. 创见：设计吊脚楼农家乐的宣传方式并形成宣传海报或者宣传视频等。

4. 系统分析：对吊脚楼和农家乐的结构特点进行观察分析。对比二者的优缺点及改进方式。

5. 调研：调查本次改造方案的效果和反馈情况。

（三）学习素养

1. 探究性实践：围绕驱动性问题，探究吊脚楼改造成农家乐的设计方案，通过对传统吊脚楼和农家乐的对比了解，设计出改良过的拥有现代居住功能的吊脚楼农家乐及民宿，并把设计方案传播推广。

2. 调控性实践：有计划地完成项目，积极参与项目研究，在遇到困难时能主动寻找解决方案，不断完善方案并改进作品。

3. 社会性实践：根据设计和实践，制作吊脚楼农家乐设计图及宣传海报或拍摄宣传介绍视频，展示项目成果，对自己和同伴的学习过程和成果进行评价。

4. 审美性实践：对项目小组完成的作品进行美化，让小组的设计作品和宣传作品更具艺术美感。

四、项目准备

1. **项目表单**

（1）吊脚楼农家乐设计作品小组互评表

2. **学习资源**

（1）在线资源：使用百度、谷歌等搜索引擎，查找了解有用的资源及信息。

（2）技术设备：连接互联网的电脑、投影设备、电子白板、实物展示台等。

（3）其他材料：白纸、木条等。

五、项目实施

（一）第一阶段：P（问题驱动）

1. **驱动性问题的提出**

学生在对老师的土家族身份产生好奇之后，老师创设任务情境：恩施土家族吊脚楼是当地的特色民居，刘老师的妈妈想把家里的吊脚楼改成农家乐和民宿，但是她不知道怎么在现有的房屋基础上进行规划布局，对农家乐的构成和民宿房间定价也不是很了解，更不懂得如何宣传，想请你帮帮她们。利用驱动性问题，引导学生思考，要想改造吊脚楼，需要具备什么知识储备，需要做哪些工作，以问题为驱动，引发学生思考和探究热情。

2. **组建项目团队**

此次项目采用4人小组探究方式，成立项目学习小组。（如图5-13所示）

图 5-13　成立项目小组

教师制定项目小组合作单，明确项目小组名称、项目组需要探究的问题及小组成员的角色。（如表 5-6 所示）

表 5-6　吊脚楼农家乐项目小组合作单

项目名称：唤醒沉睡的土家族吊脚楼 项目团队名称：农家乐设计师1队 组长：楚哲馨（董豫涵、王语涵、贾云楠） 本组探究的问题：土家族吊脚楼改农家乐	项目名称：唤醒沉睡的土家族吊脚楼 项目团队名称：吊脚楼改造小组 组长：方志远 组员：王睿泽 胡知禹 林辰洋 本组探究的问题：土家族吊脚楼改农家乐

小组分工				小组分工			
资料搜集员（全员）	改造设计师（1名）	宣传海报设计师（1名）	汇报展示员（1名）	资料搜集员（全员）	改造设计师（1名）	宣传海报设计师（1名）	汇报展示员（1名）
全员	王语涵	董豫涵	贾云楠	全员	胡知禹	王睿泽	林辰洋

各项目小组根据成员特长进行分工，包括资料搜集员及材料整理员、改造设计师、宣传海报设计师及展示交流员等。小组成员自主推荐一名组长，负责协调组内工作，小组成员共同制定项目学习小组的名称，明确小组探究的问题，完成项目组合作单。

3. 项目方案设计

本项目的最终产品为一份吊脚楼改农家乐改造设计图、一份农家乐民宿价目单及一份吊脚楼农家乐宣传海报。在该主题之下，学生首先对这一项目进行充分讨论，并形成针对项目推进的相对统一共识，即明确问题、设计改造方案、充分调研形成价目单、设计宣传海报、改进作品、发布成果。

　　要完成该项目，学生首先需要对土家族民族文化、土家族吊脚楼进行充分的了解和认识，在充分了解土家族吊脚楼文化背景的基础上，才能真正理解本项目与常规民房改造的不同，凸显出土家文化元素；其次需要知道农家乐的功能及构成要素，而后需要参考当地物价水平和消费习惯运用数学知识制定价目单，最后突出吊脚楼农家乐的吸引点，运用语言文字的表达与宣传类标语的特点，设计一份宣传海报。

　　顺利入项后，随着目标的设定，学生会提出许多问题：现有吊脚楼是什么样的？有什么优缺点？哪些元素可以在改造时保留？农家乐一般都有哪些娱乐和休闲功能？改造成什么样的农家乐？改造后的农家乐有什么吸引点？教师负责帮助学生解决各种零散的问题，最终将问题聚焦于以下子问题中（如图5-14），根据子问题的层层更迭与深入，完成整个项目化学习的过程，最终以出项成果的形式展示。

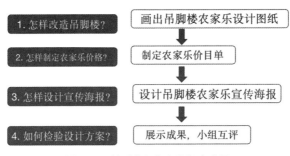

图 5-14　达成各子任务的标志成果

（二）第二阶段：I（任务执行）

1. 项目探究过程

（1）子问题1：怎样改造吊脚楼成为农家乐？

顺利入项之后，围绕子问题1，教师提供原始资料（见后图

5-15）和指导支架，学生开始自主探究活动。教师带领学生到学校机房，学生根据子问题查阅资料（见下图 5-16），阅读思考，小组交流，并逐步绘制更改设计图。

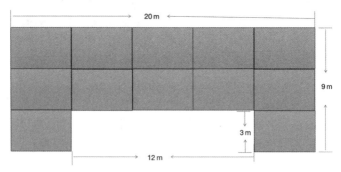

图 5-15　吊脚楼原始平面图

图 5-16　学生自主查阅资料

在完成该任务时，学生充分调动了已有经验和知识储备，查阅农家乐具有的功能及元素。项目组成员纷纷发散思维，有的组把传统吊脚楼的一楼由堆放杂物或养猪养鸡的设计更改成了 K 歌房、棋牌室、游戏室、大厨房等等涵盖多种功能的房间，二层及三层则把原来的普通卧室更改为多间适合不同人群居住的卧室，例如亲子房、单人间、双人间等。有的组考虑到土家族的文化背景，查阅到土家族有自己的传统服饰，围绕土家族服饰体验设计出土家族服装展示区、服装穿搭区、拍照留念区；有的学生结合了恩施的特色地理环境和植物等，在室外设计出篝火园、小菜园、橘子园、小茶园等不同的生态体验园区；还有的组根据自己的喜好，设计了以猫咪为主题的农家乐体验区。

　　在保留传统特色的基础上，需要运用到数学相关知识，综合考虑房间的面积大小、房间个数多少等实际问题。在全班交流的基础上，小组对方案情况进行进一步优化，完成设计图纸并班内展示（如图5-17所示）。

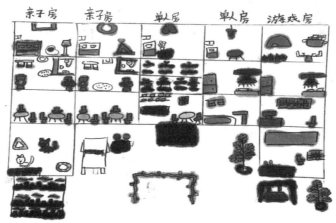

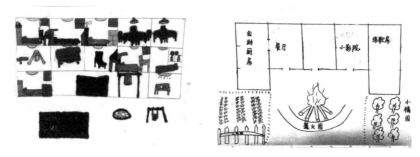

图 5-17　农家乐设计图纸

（2）子问题 2：怎样制定农家乐住宿价目单？

按照子任务 1 完成的设计图纸，学生继续思考该如何给农家乐定价。教师创设交流讨论的学习氛围，指导学生思考定价需要考虑哪些因素，在学生的交流中，老师总结要点：①要参考当地的酒店价格制定价目单；②要根据房间大小和屋内设备制定价格；③还可以包含娱乐项目在内，设计不同的住宿标准；④根据节假日，设置弹性价格区间。小组成员纷纷建言献策，在商讨出统一的意见之后，老师指导学生使用电脑，利用"图怪兽"软件，绘制房价宣传海报，各小组成员制定了本组的农家乐住宿价目单（见下图 5-18）。

图 5-18　学生成果——农家乐住宿价目单

（3）子问题 3：怎样设计宣传海报？

本项目的任务 3 为土家族吊脚楼农家乐的宣传方案。要设计一份能吸引顾客，招徕客人的宣传海报需要具备哪些条件？学生首先对这一问题在小组内进行充分的讨论，并形成组内的共识：①要突出吊脚楼农家乐的特色；②要展示农家乐的娱乐项目及功能；③要告知顾客相关项目的价格；④海报语言要有号召性。基于组内达成的共识，组内成员开始分工合作，积极开展项目。

要突出吊脚楼农家乐的特色，需要学生自主查阅土家族吊脚楼相关知识，了解吊脚楼的历史背景、形成原因、居住优势、特色点等，在此基础上，编撰适合的宣传标语；要对该农家乐的娱乐项目和功能进行简单的语言介绍，需要学生有一定的语言综合能力，参考宣传标语的表达方法等。好的宣传海报离不开图画或照片的点缀，还需要学生综合运用美术画画能力或者图片拍摄、图片编辑等技能，进行合理的排版布局。

最后，基于这一真实的宣传场景，老师指导学生采用"秀米编辑器"编辑适合微信公众号推送的宣传推文，由学生自主完成宣传文案

图 5-19　学生宣传推文展示（部分）

和图片的编辑，并推送在"土家吊脚楼大改造"微信公众号上，由全体学生共同查阅评审，选出最优秀的宣传推文。

2. 成果修订与完善

教师组织学生对不同小组的农家乐改造设计图、价目单及宣传推文进行评分，并有针对性地给出建议和意见，项目小组针对老师和学生的修改意见对本组作品进行修改润色和美化。从而再次思考，我的改造设计方案是否真实可行，价目单定价是否合理规范，宣传方案是否新颖有效。

（三）第三阶段：E（评价赋值）

1. 项目成果展示

教师组织学生根据小组商定的宣传方式，制作本小组的宣传作品。并在全班范围内对成果进行展示交流，初步形成以下三类项目成果：农家乐改造设计图、民宿价目单、农家乐宣传推广。（见图 5-19）

各小组经过最后的检查与确认，在农家乐改造设计图、民宿价目单及宣传方案上签署自己的名字和小组名称，选定合适的小组成员上台讲解自己小组设计的设计图和方案。为检验宣传方案的投放效果，本项目将会在学校长廊上设计宣传海报展示栏，由全校其他学生参观并评分，投票选取出最佳宣传奖。

2. **出项评价**

在真实的文化传承代言项目中，需要对项目采用的宣传方式进行效果评估，而在土家族吊脚楼改农家乐活动中，教师无法把学生成果和作品真正投入社会，接受大众的检验，因此需要采用班级交流和校内展示等方式进行出项成果的展示。在班级展示过程中，既需要对小组成员本组的项目成果进行简单、清晰地介绍，还需要讲解员表达流畅、口齿清楚，从而得到其他小组成员的认同。在互听互学中成长、在交流互鉴中进步。

项目最后会有一个宣传作品评价展示环节，由校内其他同学对角逐的作品进行贴仁爱币进行评分，从而推选出本次活动的最佳宣传者。宣传作品评价维度需要参考以下几个方面：海报内容恰当、宣传作品有吸引力、海报设计精良等。

项目主要侧重过程性评价，分为教师评价和学生评价两大类。在子任务 2 的完成过程中，由小组内学生互评。通过小组自评，引导学生发现自己参与活动的情况，也能帮助小组成员不断调整纠正自己的活动参与度。

六、项目反思

（一）经验总结

1. **在文化传承中提升解决真实问题的能力**

本次项目聚焦于民族文化中的特色民居及建筑文化，整个项目的学习以文化传承为本质问题，并致力于解决改造土家族吊脚楼成为农家乐这一真实情境问题，有利于学生在真实问题情境中融合跨学科知识，通过驱动性问题让学生基于此问题创造或完成产品，在完成作品的过程中达到知识和材料的理解，实现知识的再构建。

本项目涉及多个学科，不再是对单一知识的识记，更多的是能从真实情境中发现问题，并尝试小组成员分析问题，自己解决问题，在解决问题的过程中，小组成员之间能彼此协调工作、互相支持，整理有关于土家族吊脚楼的相关信息；能够通过查阅资料及调研，理解现代农家乐的功能元素及特点，并结合市场情况制定农家乐民宿价目单；在出项成果展示中，能与他人交流分享小组成果，提升表达能力。

本项目还能让学生自主选择解决问题的方法，自主设计改造方案，自由设计宣传作品，能很大程度上提升学生的创造力和思维能力，在作品修订过程中，能积极听取他人建议，提升自己的审美水平和鉴赏力。

2. 在过程性评价中获得思维能力的提升

跨学科项目化学习同样关注学生概念理解和学习实践的深度。跨学科项目化学习的评价也包含对学生所做出的成果和过程中的各类实践，如技术性实践、探究性实践、口头和书面报告等的评价。Evaluation 法则是 PIE 课程的核心元素之一，本项目基于这一原则，整个项目过程中伴随多次过程性评价，既能真实有效地反映学生的学习状态，又能作为项目进展的监控表，及时有效监控整个项目的实施进程和方向。通过评价量表能客观真实反映项目中存在的优缺点，基于数据，教师能很快发现学生学习进程中存在的问题，帮助学生学会自我评价并解决项目中出现的问题。

（二）问题改进

"艺术与人文"课程不同于其他动手实践类课程，需要在问题的解决中理解文化背景和挖掘其文化内涵，因此有许多无法直观量化的因素，学生在学习和实践中，会存在很长时间内看不到实质性的阶段成果，这需要教师给予合理的引导并采取一定的激励措施，本次项目可以增加更多对学生的激励机制。

　　"艺术与人文"课程需要对探究的话题有一定深度，但是考虑到学生的年龄和学段，难以兼顾平衡，因此本项目中，教师在分解子问题的时候还要再细致一点，充分考虑学生的学情特点和知识接受能力。

第六章　身体与健康

　　"身体与健康"课程全面关注学生身心发展健康，它分为体质健康与心理健康，是学校健康教育的一个重要组成部分。在教育均衡优质发展的前提下，关注每一位孩子的健康成长是学校育人的重点。通过改善校园环境、功能环境、提高专业教师技能、增加学生群体性、社会性活动的时间与内容，从而提升学生学习与生活中的健康指数。

　　中国经济进入快速发展阶段，电子产品已成为部分小学生的"精神鸦片"。他们对于电子产品的依赖以及疫情期间造成的不良习惯、心态以及紧张的家庭氛围都在影响当代小学生的体质健康与心理健康，急需学校、家庭、社会乃至国家的关心与改进。

　　PIE课程设计"身体与健康"主题，它主要涉及体育与健身、心理健康、自然、道德与法治等学科。"身体与健康"主题以关注体质健康与心理健康为研究主线，引导学生关爱自己的身体，珍爱身体中每一个器官的功能及作用，不能过度消耗，加强体育运动中的训练时长与技能技巧、强化体格、增强体质。同时，也要教会学生留意观察自己身体和心理的变化，通过某些身体信号的提醒及时知晓自己的健康状态，通过网络资料查询，或向身边的教师或家长询问，进行初步诊断并寻找改善的方法。通过心理与健康课程校本化的开展，针对不同年段的学生开展不同的心理体验课程，引导学生形成正确的心理健康观念，不受外力的干扰与影响。拥有生理与心理的双重健康，才能帮助学生形成积极、向上、阳光的生活态度，成为生活中的强者。

"身体与健康"课程以体育学科和心理学科为主，根据课程中探寻的问题不同，融入其他学科的技能与知识以辅助课程的推进。体育学科的开展有利于提升学生的身心健康与心理素质，心理学科的开展有利于帮助学生心扉敞开、改善心情、鼓励学生融入校园和社会，增加生活与学习场景中的适应力和抗压力。

"身体与健康"课程设计了五个年级 10 个学期，每个学期一或二个主题内容。内容的设计围绕着体育与健身和心理课程而展开，并包含了自然、道德与法治、语文等不同学科，根据各年级各年龄段的学生认知水平与接受能力所设计。主题设计旨在一定程度上能引导孩子关注自己身心健康，增强个人安全意识，锻炼与他人友好相处的方法等。增加他们的主动性和投入性，也让学生对关键概念的理解较为透彻、持久，更容易在新情境中进行概念迁移，最终指向学生心智成长和转换的自由。（表 6-1）

表 6-1　1—5 年级"身体与健康"主题及其内容

年级	主　题	内　容
一	奇妙的绳结	什么是绳结，我的鞋带为什么总是掉，学会打结，结绳记事，绳结的故事，各种不同的绳结等。
	盲人的一天	人类致盲的原因、模拟、感受盲人的一天，盲文、盲道的认识，如何正确对待身边的残疾人，设计制作专门的盲人用品等。
	护蛋行动	鸡蛋的结构，如何保护一颗鸡蛋，实践保护鸡蛋一天或更长时间等。
二	"破茧成蝶"	人与自然，团队协作，蝶的完全变态，亲近自然，身体运动健身等。
	我怎么又生病了？	我怎么又生病了？人会生病的原因，如何正确看待人的疾病，生病以后怎么办？增强体质的方法等。

（续表）

年级	主 题	内 容
三	我的情绪我做主	和坏情绪说拜拜，我的情绪我做主，自我控制力，情绪控制游戏等。
	我的保护伞	青少年保护条例，常见的青少年安全问题，如何自我保护，青少年心理热线等。
四	绳奇力量	探究利用绳索解决生活中的各项难题，掌握生存自救技能，理解绳在不同文化里的象征意。
	粑粑会说话	动物粑粑的诞生，粑粑能反映动物健康状况，粑粑对自然界的影响，粑粑的社会价值，设计医疗诊断书等。
五	健康菜谱的设计	健康菜谱的组成要素，不同人群的营养摄入，食物营养的成分计算，菜谱的设计，一周健康食谱的制作等。
	食物"三秒钟"	食物"三秒钟""五秒钟"原则的证伪，不同食物与环境的影响，细菌培养等。

　　"身体与健康"课程不同于传统的知识性学习，它可能牵涉到医药领域的知识，它也需要第三方家庭成员的配合。它主要采用 PIE 实施模式。在课程的开展全过程中营造真实情境，给学生创设实物、实景、实事、实例等，增加体验的真实感与正式感，增强课程育人的科学性与提高课程说服力。"I 模式"积极创设体验氛围，把学生请出教室，让他们在自然的氛围中参与"身体与健康"课程。宽松的学习场景将课程变得生动、有趣，学生主动参与整个学习过程，并逐步自觉地修正自己的思维方式与行为习惯，让身体与心理得到改善与升华，让健康得到双重保障。

　　"身体与健康"课程是一个以身体与心理一起活动的课程。学生需要动脑又动手，身体的肢体和大脑一起在课程活动中动起来，这样的学习能够获得的效果是综合立体的，也是深刻的。通过社区调研、日常观察、亲身经历等过程，学生可以对自身身体和健康有更加直观地了解，其效果是传统的"言语＋图表"的平面教学方法无法比拟的。

中国的未来需要德智体美劳全面发展的新一代，如果没有健康身心就不能担负起建设祖国的重任。"身体与健康"课程直击学生学习与生活中的各类健康现象与问题，是 PIE 课程中的"课程医生"。通过引导学生增加运动、调节饮食、大胆沟通、掌握必要的生存技能等，培育具有健康体魄、具备社会生活适应力与抗压力的生活强者，让身体健康化拥有无限可能。

智慧呈现

"粑粑会说话"跨学科项目化学习案例

——上海市松江区泗泾第五小学 李 洋

一、项目概述

通过学习自然三年级第二学期第一单元"食物的消化"的课程内容，学生对人体消化系统、食物消化过程和正确健康饮食有了一定的认识，同时也对"排泄物完全没有作用吗？""粪便能体现我们的健康状态吗？"等问题产生好奇，也有学生提出：可以通过粪便来判断自己宠物的健康情况吗？如果我的宠物生病了，可以用什么方法判断它需不需要去医院？如果不需要去医院，怎么来帮助它们恢复健康呢？基于这一系列真实问题，我设计了问卷，邀请学生填写并做了统计分析。调查结果显示，大多数学生都有过饲养宠物的经验，其中犬、猫、鱼类、水龟类居多，因此我决定以宠物狗的粪便为例，设计"粑粑会说话"项目化学习案例，引导学生学会通过观察宠物狗粪便的形态和颜色来判断宠物狗的健康状况，并通过学习与日常生活经验，设计和挑选可以改善其健康状况的食物。

四年级的学生爱动脑、爱动手，对周围世界有着强烈的好奇心和探索欲望，敢于根据观察到的事物和现象提出问题，乐于与同伴交流分享，已初步具有仔细观察的习惯，比较严谨的逻辑思考和如实记录的科学态度，具备一定的知识与能力基础。但是他们自主获得知识的能力较弱，知识的梳理能力也有待提高。

基于学生的学习需求与学情，设计了"粑粑会说话"项目化学习活动，旨在让学生通过一段时间的学习，了解粑粑的成因和组成成分，进而深入学习粑粑的处理方法与粑粑的形态所能反映宠物的身体健康状况，用正确的方法改善宠物的健康状况，更好地在探索、体验、思考、实践等活动中获取知识、发展能力、锻炼思维品质，最终培养学生了解大自然、热爱大自然、尊敬大自然，达成育人的目的。本项目涉及学科有心理、科学、语文、美术。

基于学生的学情，"粑粑会说话"项目化学习活动，旨在让学生通过一段时间的学习，更好地在探索、体验、思考、实践等环节中获取人的健康知识，发展身体素质和心理素质。本项目主要涉及学科有科学、美术、信息、语文。

二、挑战性问题

（一）本质问题

如何通过生活中的细节改善人与自然的关系？

（二）驱动性问题

有一天你发现你的宠物狗变得食欲不振、不爱动弹，一直趴在地上好像没有精神的样子。经过你的仔细检查，发现狗狗并没有皮外伤，于是你决定带它去宠物医院检查。但是你打了电话后得知，附近的宠物医院近期都不开门，而此时你却发现，它拉出来的粑粑与往常的都不太一样，你能不能够通过粑粑的状态分析一下它的健康状况呢？是否需要及时就医？不需要的话，如何在家里帮助它调养身体呢？

三、项目目标

（一）知识与能力目标

1. 通过真实情境导入，初步了解粑粑健康宣传单的构成，知道设计和制作粑粑健康宣传单的方法。

2. 通过小组思考与讨论，知道粑粑在自然界与人类社会中的处理方法，了解粑粑或其部分可以做成肥料、燃料、饲料等，特定的粑粑经过加工处理后可以变成昂贵的物品如香水定香剂、咖啡等。

3. 通过阅读与资料收集，了解不同时期人类处理粑粑的方法，根据真实历史事件知道不正确处理排泄物会引发霍乱等传染病暴发，由此呼吁身边的人正确处理粪便。

4. 通过学习讨论和小组合作，了解粪便化石的形成原因，知道粪便化石有不同颜色，其原因是化石里含有不同颜色矿物质，尝试小组活动利用彩泥制作粪便化石并上台展示，讲述制作的灵感来源和相应颜色所对应的矿物质。

5. 通过资料收集和交流，知道宠物狗便便不同形态对应的健康状况，并能够由此判断是否需要就医，设计合适的运动或者饮食计划帮助宠物狗恢复健康，达到使学生爱护动物，珍惜生命，亲近自然的育人目的。

（二）高阶认知

1. 问题解决：解决"如何通过粑粑判断动物的健康状况？"的现实问题。

2. 决策：了解粑粑健康宣传单所包含的内容，并进行小组分工合作。

3. 创见：完成粑粑健康宣传单，能通过可能的病因判断是否需要就医，并设计合理的治疗手段。

4. 系统分析：查阅资料或与长辈交流，对粑粑健康宣传单的内容进行核实。

（三）学习素养

1. 探究性实践：围绕驱动性问题，设计并制作一个粑粑健康宣传单，了解不同状态粑粑所反映宠物狗的身体健康情况，猜测可能的病因，判断是否需要就医后设计合理的运动或者饮食计划，并通过阅读资料进行核实完成探究过程。

2. 技术性实践： 解决初步设计粑粑健康宣传单不知道需要包含什么内容的难题。

3. 调控性实践： 有计划地完成项目，积极参与项目研究和讨论，在遇到困难和不明确的答案时可以主动寻找解决方案，不断积累知识并进行实践操作，完成并改进作品。

4. 社会性实践： 根据设计和实践，制作完一个粑粑健康宣传单，对自己的同伴的学习过程和成果进行评价，并在社区内进行宣传并展示内容。

四、项目准备

1. 项目表单：

（1）"粑粑会说话"项目化学习活动学生分组表。

（2）"粑粑会说话"项目化学习活动出项成果·粑粑健康宣传单设计参考图。

2. 学习材料：彩泥、绘画材料、微缩木制展示架、粑粑健康宣传单设计图示等。

3. 技术设备：一体机、绘图材料、粪便化石模型等。

五、项目实施

（一）第一阶段：P（问题驱动）

1. **驱动性问题的提出**

学生在学习远东版自然三年级第二学期第一单元"食物的消化"后，对人体消化系统有了初步的认识，也知道粑粑是人体排泄物的一种，有了"粑粑是人体新陈代谢后产生的需要排出体外的代谢废物之一"这样的科学认知后，学生也产生了许多好奇，例如粑粑是否是一点有处都没有呢？既然它是代谢的产物，那是否可以反映健康状况呢？

　　现代社会饲养宠物的家庭有很多，宠物猫宠物狗逐渐变成家庭中重要的成员之一，除了陪伴和玩耍，学生也需要具备相应的知识对宠物健康状况的变化有所应对。经过校内问卷调查，发现在饲养宠物的家庭中，宠物狗的占比较大，并且确实有部分学生反映有时候宠物狗会突发一些轻微疾病自己却无法正确判断。

　　借此，教师提出驱动性问题：如何通过粑粑的形态判断宠物狗的健康状况？让学生完成一份粑粑健康宣传单，加深角色代入感，增强学习的印象。

　　2. 组建项目团队

　　此次项目采用3—4人小组探究方式，成立项目学习小组——医疗团队（如图6-1）。

图6-1　成立"医疗团队"

　　教师制定了成立"医疗团队"的任务单，明确小组成员的分工——观察员（1名）：观察宠物粑粑形象并记录其形状、颜色等；诊断员（1—2名）：根据粑粑的状态判断宠物可能患上的疾病、根据粑粑的状态判断宠物可能的病因；营养师（1名）：思考合理的对策和改善病症的方法（如下页图6-2）。

　　各"医疗团队"举手表决设计自己团队的名称，可以是反映学生特色的队名，如快乐阳光医疗团队；也可以是寄托美好希望的队名，

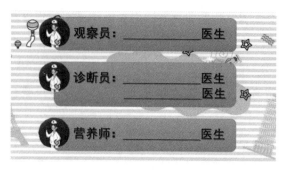

图 6-2 "医疗团队"成员签名

如妙手回春医疗团队等。团队名称是一个队伍成员共同的价值观，队员间有效的沟通可以对队员心理健康建设有极大的帮助。

3. 项目方案设计

项目的最终产品是一个完整的粑粑健康宣传单，其中内容包括：粑粑样式、临床现象、可能的病情、处理的方法等。在该主题下，学生首先需要对粑粑的成因进行了解并知道粑粑的组成成分，认识到粑粑是动物的一种排泄物，与动物的健康状况有着千丝万缕的关系，同时明确粑粑健康宣传单的内容，引导学生带着具体的目标进行学习和活动。

顺利入项后，随着目标的设定，学生会提出疑问：为什么粑粑可以反映动物的健康状况？它是如何反映动物健康状况的等等。教师

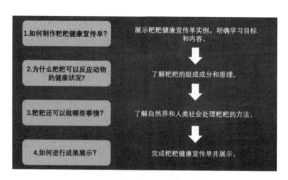

图 6-3 各子任务的任务安排

负责帮助学生解决各种零散的问题，最终将问题聚焦于以下子问题中（如图 6-3），根据子问题的层层更迭与深入，完成整个项目化学习的过程，最终以出项成果的形式展示。

（二）第二阶段：I（任务执行）

1. 项目探究过程

（1）子问题 1：如何制作粑粑健康宣传单？

项目实施阶段以 Implement 实施法则为主导，环节中穿插过程性评价 Evaluation。围绕子问题 1，教师提供设计框架和参考，指导学生学习和了解的方向，明确项目化学习的目标。首先，观察卫生、疾病、医疗等相关主题的宣传单，结合课前问卷调查的信息，讨论交流的"粑粑健康宣传单"应当包含的主要信息，结合入项活动时的组员分工情况，引导学生各自认识自己的职能作用，确定在制作宣传单中的分工。接着，根据初步确立的"粑粑健康宣传单"框架，通过搜集信息，课后观察自己的宠物等，尝试初步完成宠物狗粪便状态对应生理状态的诊断书的填写。小组成员需要聆听其他成员的想法，并提出自己的意见，避免一意孤行或者一人包揽全部职责，综合考虑诊断结果、临床表现、可能的病因和营养师建议，书写规范，设计并练习相应的宣传语言等，如果出现分歧可以按照"投票"的方式来决策。填

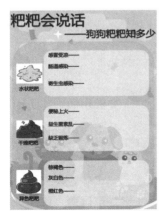

图 6-4　粑粑健康宣传单内容设计

写和绘制完成后，小组成员对文字内容描述和绘制的图片进行检查，最终推举成员上台展示（如图 6-4）。

本项目的评价部分采用了表现性评价和结果性评价相结合的形式，由组长和组员根据评价表中的不同维度和标准进行及时反馈和评价。除此之外，教师也会对各小组的表现进行过程性评价（如表 6-2）。

表 6-2　出项成果的评价量表

评价要素	主要指标	评价标准			达成情况
		★	★★	★★★	
小组交流	设计方案	只能根据自己的意愿完成粑粑知识宣传单，独断且不愿与小组成员交流。	愿意根据组内2-3人的意愿完成粑粑知识宣传单，偶尔参与小组成员交流。	愿意协商并根据小组成员的意愿完成粑粑知识宣传单，经常参与小组成员交流。	
阶段性成果	实施方案	制作过程中不与小组成员分享素材，只根据自己的想法进行制作。	制作过程中偶尔参与小组成员分享素材，偶尔参考小组成员的想法进行制作。	制作过程中经常参与小组成员分享素材，参考小组成员的想法进行制作。	
阶段性成果	展示交流	无法主动与小组合作，无法主动和周围的人介绍粑粑知识宣传单。	可以主动与小组合作，可以粗略地向周围的人介绍粑粑知识宣传单。	可以积极地和小组成员合作，并主动且详细地介绍粑粑知识宣传单。	

（2）子问题 2：为什么粑粑可以反映动物的健康状况？

按照实施方案，引导学生进入深入的学习探究，鼓励学生积极参与学习和讨论，加强项目组员间的交流，营造团结协作的氛围。这一环节融合了小学科学、数学、心理等内容，通过学习学生会逐步了解粑粑。

首先粑粑是生物的一种排泄物，而人类的排泄物除了粑粑，还有尿液、汗液、二氧化碳等（如下页图 6-5），不同排泄物的成分可能不同，对自己产生的影响也是不同的，如：汗液可以调节人体体温，但过度流汗会影响电解质平衡。

在学习过程中，学生逐渐知道排泄物是可以对身体的健康状况做

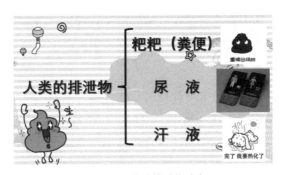

图 6-5　人类的排泄物种类

出提示或者预警，如：人们往往可以通过尿常规检测来判断自己是否患上尿毒症或者糖尿病；可以根据汗水的气味初步判断自己是否患上三甲胺尿症等，由此引导学生形成概念——通过观察和检测排泄物，可以判断动物的健康状况。

知道了粑粑有反映身体健康状况的能力后，大部分学生会对"粑粑是如何反映身体健康状况"这样的问题产生兴趣。由教师引导学生了解粑粑形成的具体流程：食物—食物残渣—粪便，知道食物进入动物体内后的路线并尝试排序——以人体举例，在消化系统中进行消化、代谢和排出，同时认识消化系统中各种不同的主要消化器官以及各自的名称和具备的功能。

粑粑的状态会发生非常多的变化，教师引导学生回忆生活中的实际案例，如：吃了大量的红瓤火龙果后，排出的粑粑是什么状态的？经过讨论后，大部分学生都会回答"紫红色，并且较柔软，椭圆长条形"，从而掌握正确描述粑粑的临床表现：颜色＋形态／形状。由此结论继续引导学生思考：为什么粑粑一般而言都是椭圆长条形？为什么吃了大量的红瓤火龙果，会让粑粑变成紫红色？从而知道并了解消化系统中各个器官的主要功能。

现实中的粑粑不单单是动植物的排泄物那么简单，通过阅读资料，学生可以了解到中世纪欧洲由于没有妥善处理粑粑，导致了极其严重的后果，其中霍乱更是在全球肆虐了数百年，夺走了成千上万的生命，借由具体的数字，让学生体会到卫生粑粑处理对人类社会文明发展的重要性。

引导学生分组讨论处理粑粑的正确方法，并由小组代表进行发言展示。了解粑粑可以作为燃料、饲料以及肥料用于农业和工业生产；在中医中也有动物粑粑作为药材进行使用；某些特定的粑粑，如：麝香猫的粪便、抹香鲸的粪便等在经历了特殊处理之后，也会发挥其高昂的商业价值。通过上述讨论与学习，学生会看到了粑粑对人类社会有着的重要意义和影响。

（3）子问题3：如何进行成果展示？

在系统探究了粑粑的形成过程、作用、对健康的指示功能之后，学生汇总资料，进行宣传单的制作，根据宠物狗粑粑的不同寻常状况做出诊断，提出合理的对策和改善病症的方法（如图6-6）。通过查找资料、结合自己养宠物的经验交流讨论、咨询宠物医生等方式，了解不同宠物的粑粑特征，从而初步判断不同宠物的身体健康状况（如图6-7）。

图6-6 狗"粑粑"知识宣传单   图6-7 其他宠物"粑粑"知识宣传单

2. 成果修订与完善

通过几轮课程的学习后，教师再次组织学生根据学习的内容完成粑粑健康宣传单。利用学习到的知识，确保粑粑健康宣传单的各个部分填写格式准确，诊断结果和可能的病因可以合理根据粑粑的样式和临床表现进行推断，根据营养师建议，对可能的病因进行合理判断，再确定是否需要送医检查，并设计宠物恢复健康的运动和饮食方案。

（三）第三阶段：E（评价赋值）

1. 项目成果展示

各小组经过最后的检查与确认，在粑粑健康宣传单上写出改善宠物身体健康的方法，选定合适的小组成员上台讲解自己小组设计的粑粑健康宣传单（如图 6-8、6-9），在课余时间里可以到社区内为养宠人士宣讲，提高养宠的正确技能，培养爱护小动物，亲近大自然的意识。

图 6-8 粑粑知识宣传单·正面　　图 6-9 粑粑知识宣传单·反面

2. 出项评价

在现实生活中，粑粑作为排泄物一直都被人们嫌弃，学生从小也被灌输"餐前便后要洗手"的思想，认为粑粑是充满细菌和难闻气味的排泄废物，而就是这样不起眼的粑粑，却可以反映人们的动物们的健康状况，创造可观的社会经济价值，也可以影响人类社会的文明变迁，通过评价量表（表 6-3），评价小组成员和自己是否与小组成员友善、有效地合作，是否对粑粑的重要性有所认识。本次课程通过日常生活进行导入，从宠物狗的粑粑作为事例开展项目化学习。通过此次的学习，学生们不再瞧不起这个被众人嫌弃的排泄物，更多的则是正确地看待它，学会了保护自己的身心健康，也学会了呼吁他人爱护卫生，珍惜生命。至此，一个以心理健康为主题，由多个学科辅助进程的项目化学习实践项目圆满完成。

表 6-3　完成后的出项成果的评价量表

评价要素	主要指标	评价标准			达成情况
		★	★★	★★★	
小组交流	设计方案	只能根据自己的意愿完成粑粑知识宣传单，独断且不愿意小组成员交流。	愿意根据组内2-3人的意愿完成粑粑知识宣传单，偶尔参与小组成员交流。	愿意协商并根据小组成员的意愿完成粑粑知识宣传单，经常参与小组成员交流。	☆☆☆
阶段性成果	实施方案	制作过程中不与小组成员分享素材，只根据自己的想法进行制作。	制作过程中偶尔参与小组成员分享素材，偶尔参考小组成员的想法进行制作。	制作过程中经常参与小组成员分享素材，参考小组成员的想法进行制作。	☆☆☆
阶段性成果	展示交流	无法主动与小组合作，无法主动和周围的人介绍粑粑知识宣传单。	可以主动与小组合作，可以粗略地向周围的人介绍粑粑知识宣传单。	可以积极地和小组成员合作，并主动且详细地介绍粑粑知识宣传单。	☆☆☆

评价对象：包乘谕　　　　　　　　　　　评价人：胡江嫒

六、项目反思

（一）经验总结

1. 素材来源生活，满足社会需求

本案例的设计灵感来自社会生活的实际需求，通过调查问卷了解现代家庭的宠物饲养情况。宠物的健康问题是养宠家庭所关注的重要话题，经过本课程的学习后，学生可以通过正确、科学、合适的方法

判断宠物的健康状况，并根据出项成果的粑粑健康宣传单，在社区内进行宣讲，帮助身边更多的人科学养宠。

2. 关爱自然生物，加强育人效果

本案例最终的目的是达成育人的教育效果。万物有灵，正是因为这个原因很多家庭会选择饲养宠物来陪伴自己或自己孩子，学生在与宠物交流和玩耍的过程中也逐渐学会热爱自然，关心自然。通过学习，学生将对自然环境与生物环境有更深刻的认识，更加关注身边家人的身心健康，理解自然环境对生物身体造成的影响。

3. 聚焦实践操作，强化公益体验

本案例多数的学习内容是通过小组讨论、教师讲解和资料阅读的形式进行开展，实践操作环节相对而言偏少，因此在后期的设计中加入了"制作粪便化石模型"的活动，通过观察古代恐龙的彩色粪便化石模型，学生们知道了粪便化石形成的原因，也了解了让粪便化石呈现不同颜色的方法，由此提供材料支持，小组活动设计并制作粪便化石模型。在完成最终的粑粑健康宣传单后，可以组织小队在社区中进行宣讲，许多学生都有较强的操作意愿与交流意愿，在趣味中帮助更多人学会科学养宠。

（二）问题改进

"身体与健康"PIE 课程兼顾了多学科的知识，以身心健康贯穿全课程，关注小组协作能力和个人能力的发展，学生课程参与率与主导率超过其他基础型课程。本课程将驱动性问题带入学生常见的真实情境中，可以更快地加强学生的代入感，通过不断的学习、引导、反思，衍生出更多更有深度的问题，不同问题间层层递进，最终完成项目化成果。

本课程也有一些需要改进的地方，例如宠物的粑粑是很难进行人为控制的，需要对宠物进行长期观察，实施耗时较长，不确定因素较多，因此可以很多时候选择利用资料收集的方式进行观察与学习，但

是信息搜查与实际情况可能也会存在不可避免的误差；应当设置较多的实践操作环节，让学生在实践操作过程中加深对内容的掌握与理解。在实践操作过程中也产生诸多衍生的问题，包括操作手法、衍生知识、意外情况等，需要教师加大自己的知识储备来应对这样的情况。

"绳奇力量"跨学科项目化学习案例

——上海市松江区泗泾第五小学　张　晨

一、项目概述

自 2020 年《关于全面加强新时代大中小学劳动教育的意见》发布以来，劳动教育逐渐受到学校、家庭、社会层面的重视。如何在小学推行与实施劳动教育，提升劳动学科在学校教育中的实施效果是值得每位小学教师重视的问题。

《义务教育课程方案（2022 年版）》提出，在强化核心素养目标、提倡课程内容结构化的前提下，提出了跨学科主题学习概念，要求跨学科的形式贯穿于整个义务教育阶段，课时量的设置不少于总课时的 10%。同时，明确提出，设置有助于实现体育与德育、智育、美育、劳动教育和国防教育相结合的多学科交叉融合的学习主题。

体育学科和劳技学科具有诸多相通之处，它们以学生身体活动为基础，强调身心参与，具有实践性和综合性特点，二者在学科性质上存在天然的耦合性，它们可以相互融合，通过"身体活动"这一媒介实现学科实践和育人的综合效果。在育人目标方面，它们作为德智体美劳"五育"并举的重要组成部分，强调不同的育人价值。在课程内容方面，它们均与学生的现实生活联系密切，两者兼具生活化特征。在核心素养方面，它们的核心素养存在相似之处。在身体条件方面，它们均对身体素质提出了一定的要求。缺乏一定的身体素质既无法完成体育中的身体练习，也无法完成劳动中的各项任务。

四年级学生在学习上开始注重自己的学习进步和成就，他们具有更强的好奇心和求知欲，开始独立思考和解决问题。此外，他们还对自己喜欢的学科表现出更浓厚的兴趣，需要更多的互动和实践来促进学习，且需要更多的鼓励和肯定来培养自信心。四年级学生是在学习中逐步成长和发展的，在教育教学中要充分考虑到他们的特点和需求，以便更好地帮助他们实现全面发展。

基于全面育人概念的背景下，结合四年级学生的特点以及体育与健康和劳技学科性质加以实施，以生活中的使用绳结为主要内容，设计了"绳奇力量"项目化学习活动。该项目主要涉及体育与健身、劳动技术等多学科知识和概念，探究如何结合多学科的知识利用绳索解决生活中的各种难题。学生通过搜索、调查、访谈等方式获取相关信息，并通过小组讨论对信息进行处理，形成对绳索的基本认识。同时，在老师的指导下，学生开展协作式、探究式学习，利用绳索解决生活中的各项难题，掌握生存自救技能，理解绳在不同文化里的象征意义，建立学科间的联系，扩大对世界的认识，激发对自然的探索欲。

二、挑战性问题

（一）本质问题

如何利用劳动技术解决生活中的实际问题？

（二）驱动性问题

你是一名英勇的战士，在一次执行任务的雷雨交加的夜晚，你们乘坐的飞机不幸在海上失事。你和一些战友降落在一座无人岛的海滩上，而另外一些战友掉进了海里。由于海浪汹涌，这些战友无法自己游到岸边。此时，你的背包里有一捆绳索和一把小刀。你需要利用这些工具来完成对落水战友的救助，并在最终的救援到来前，与战友们一起努力在这座无人岛上生存下来。

在荒岛求生中，你可能会遇到各种困难和挑战。例如，如何救助落水的战友，如何攀爬，如何捕猎等等。面对这些挑战，你可以利用绳索来最大程度地帮助自己克服困难并生存下来。各位小战士们，让我们一起踏上冒险之旅，探索"绳奇力量"吧！

三、项目目标

（一）知识与能力目标

1. 通过实践活动，了解"结"的常识及其基本的用途，掌握一些简单"结"的打法，感悟"结"的妙用。

2. 探索掌握影响绳结稳定性的因素，了解如何根据不同的需求选择适合的绳索和打结方式。

3. 运用绳结的知识解决相应的问题。

4. 了解绳结的装饰作用和文化象征意义，传承并发扬绳结传统文化，激发学生的民族情感。

（二）高阶认知

1. 问题解决：解决"怎样利用绳结完成营救，捕猎，捆绑材料等野外生存问题？"

2. 决策：对绳结的功能、材料选择、绳结设计等内容进行合理判断。

3. 创见：设计能够解决野外生存问题的各种实用绳结，创建具有投掷、捕猎、捆绑功能绳结的绳结模型。

4. 系统分析：对各种绳结功能及可靠性进行观察和分析。

（三）学习素养

1. 探究性实践： 围绕驱动性问题，设计并制作具有相关功能的绳结，分析绳结功能的因素，运用控制变量法进行探究。经历提出问题与做出假设→进行验证→得出结论→进行调整等科学探究过程。

2. 技术性实践： 解决初步设计的绳结无法可靠解决投掷远度及抓握稳定性等的技术难题。

3. 调控性实践： 有计划地完成项目，积极参与项目研究，在遇到困难时能主动寻找解决方案，不断完善方案并进行实验探究，改进作品。

4. 社会性实践： 根据设计和实践，制作一个能用于远距离投掷的绳结模型，对自己和同伴的学习过程和成果进行评价。

四、项目准备

1. 项目表单

（1）"绳奇力量"项目化学习活动学生系列记录表；

（2）"绳奇力量"项目化学习活动小组评价表。

表 6-4　"绳奇力量"项目化学习活动小组评价表

评价要素	主要指标	评价标准			达成情况
		★	★★	★★★	
实用性	使用场景	绳结无法解决生活中的问题，不适用于该场景。	绳结基本能解决问题，比较适合该场景。	绳结非常适用。	
创意性	绳结设计	绳结设计普通，不够新颖或美观，不能引起人的兴趣。	绳结设计较为新颖或美观，能引起人的兴趣。	绳结设计非常新颖或美观，可以吸引大多数人的兴趣。	
工艺性	绳结难度	制作难度过低或过高，不需要或需要过多专业技能。	制作难度适中，需要一定的技能水平。	制作难度非常适中，即使无经验的人也能轻松制作。	
安全性	使用安全	绳结使用时是否安全，是否存在危险。等级一：使用绳结存在严重的安全隐患。	使用绳结存在一定的安全隐患。	使用绳结非常安全，不存在安全隐患。	
便携性	使用便携	使用绳结极不方便，难以携带。	使用绳结基本方便，可以携带。	使用绳结非常方便，易于携带。	

注：达到评价标准的，可以在达成情况一栏中填入相应星星数。

2. 学习材料

各种材质的绳，比如三股绳、编织绳、鱼线以及合成纤维绳如聚丙烯、聚酯、尼龙等，剪刀、标志桶、标志杆。

3. 技术设备

一体机、平板电脑、麦克风等。

五、项目实施

（一）第一阶段：P（问题驱动）

1. 驱动性问题的提出

在荒岛求生时，如果你只有一捆绳索和一把小刀，你会如何利用它们来救助落水的战友并在无人岛上生存下来？你可能会遇到哪些困难和挑战？如何利用绳索解决这些难题？这个项目将结合体育、劳技等多学科的知识和概念，探究如何结合多学科的知识利用绳索解决生活中的各种难题。通过搜索、调查、访谈等方式获取相关信息，并通过小组讨论对信息进行处理，形成对绳索的基本认识。同时，在老师的指导下，我们将开展协作式、探究式学习，利用绳索解决生活中的各项难题，掌握生存自救技能，理解绳在不同文化里的象征意义。你准备好了吗？让我们一起踏上冒险之旅，探索"绳奇力量"吧！

2. 组建项目团队

为了实现实用绳结项目的学习，我们成立了一个由五个人组成的小组。小组成员将合作完成项目，并共同遵守项目公约。教师为小组制定了任务单，明确了每个小组成员的角色和相应的评价量规。我们相信，通过团队协作和共同努力，我们能够成功完成这个项目，并取得优异的成果（如图 6-10 所示）。

图 6-10　成立项目组

教师制定了成立项目组的任务单，明确了小组成员的角色、项目组公约及相应的评价量规（如表 6-5 所示）。

表 6-5　项目组信息表

项目名称	
项目组编号	
项目组名称	
人员分配	记录员：姓名 观察员：姓名 实验员：姓名 展示员：姓名
项目组公约	在小组中，我们将遵守以下公约：

为了更好地完成实用绳结的项目化学习，我们将根据每个成员的特长进行分工。分工包括记录员、实验员、展示员等，每个成员可以自主推荐各组的组长，并在组长的组织下共同制定项目学习小组的名称及项目组公约，完成项目组信息表。以下是各组的具体分工：

表 6-6　组员分工表

记录组	负责记录项目化学习的所有过程和成果，包括实验记录、讨论记录、总结报告等。
实验组	负责实验操作和实验结果的收集与分析，确保实验的顺利进行和实验数据的准确性。
展示组	负责整理项目化学习的成果，并制作展示海报、PPT 等，向其他同学展示我们的成果。

为了建设一个团结、积极向上的团队，首先，召集所有项目组成员，让每个人提出自己心中的团队名称。这些名称可以是与项目主题相关的，也可以是鼓舞人心的口号，或者是反映团队精神的词语。其次，对所有提出的名称进行投票，以选出最受欢迎的名称。在投票过程中，每个成员都将拥有平等的权利，以确保公正性和民主性。最后，在所有项目组成员中广泛征求意见，以确保确定的团队名称符合大家的期望和价值观。确定团队名称是项目学习小组建设

的重要环节，反映一个团队的价值取向和精神面貌，对形成团队意识、构建团队文化起着重要作用。希望通过这个过程，我们可以建立一个鼓舞人心、充满活力的团队，为项目学习的顺利开展打下坚实的基础。

3. 项目方案设计

该项目旨在让小学生学习和掌握在野外生存中使用绳结的技能。学生将学习如何设计可以牵拉拖拽的绳结，如何设计有抬重物功能的绳结，以及如何使用绳结拯救落水的伙伴。这个项目的驱动性问题是如何用绳结解决野外生存中的问题，产生的子问题包括如何设计可以牵拉拖拽的绳结、如何设计有抬重物功能的绳结、如何利用绳结拯救落水的战友等问题。教师应该帮助学生将这些问题进行归类统整，逐步梳理出有内在逻辑关系的子问题（见表 6-7）。

表 6-7　项目进度规划表

周次	问题链（子任务）	标志成果
1	成立项目小组，明确学习主题	完成小组信息表
2	探究常用绳结的分类和使用方法	探究常用绳结的分类和使用方法
3	学习如何打结和解结绳结	成功打结和解结不同种类的绳结
4	如何挑选适合自己使用的绳材？	列出不同种类绳材的特点和适用场景
5	用绳结解决实际问题	通过绳结解决设置的实际问题
6	如何进行成果展示？	展示各组制作的编织作品

在项目实施过程中，学生们将按照项目计划学习和制作绳结，并在实践中掌握如何使用绳结解决野外生存中的问题。教师将根据学生制作的绳结和解决野外生存中问题的能力来评估他们的学习成果。评估方法包括绳结制作的质量和可用性、绳结的使用效果和解决问题的能力、项目展示的表现和总结的质量。

　　通过该项目，学生们将掌握设计和制作不同类型绳结的技能，学习如何使用绳结解决野外生存中的问题，以及如何进行团队合作和沟通。这些技能将帮助他们提高生活中的实用性和创造力，为今后的学习和职业生涯打下基础。

　　明确达成各子任务的标志成果，以及在完成子任务过程中可以遇到的问题如作品的迭代设计与制作等，将整个工程项目学习过程梳理清晰。

　　（二）第二阶段：I（任务执行）

　　1. 项目探究过程

　　（1）子问题 1：怎样设计实用绳结？

　　项目的实施包括确定问题，设计方案，评价与总结几个部分，项目主要探究绳结解决野外生存中起到的各种作用及功能，以解决落水战友的营救为例，在设计的绳结过程中需要考虑实际问题，如何利用绳索达到营救的效果，同时，需要满足绳结的功能、结构、外观等方面的要求。每个小组成员都应该参与到项目中，并有自己的分工，最终由小组投票决定采用的绳结方案设计。

　　在设计过程中，小组成员应该充分讨论和研究下列问题：落水战友的状况和位置、用于营救的工具和材料、绳结需要满足的功能和要求。接着，小组成员应该展开设计，明确每个成员的分工，包括测量、绑结等。在设计绳结的外观时，需要考虑易于识别和操作的要求；在设计绳结的结构时，需要满足牢固、易于解开等要求。

　　在设计出实用绳结之后，小组应该对绳结进行评价，以决定采用哪种方案。这个过程包括测试、评估和投票。测试可以检查绳结的牢固性和耐用性；评估可以确定每个绳结的优点和缺点；投票可以决定采用哪种绳结方案。最后，小组应该对设计进行记录和总结，并分享他们的经验和成果。

图 6-11　小组探究绳结设计

（2）子问题 2：怎样实施项目计划？

按照方案实施，我们首先制定了学生需要学习的具体绳结种类和要求。具体而言，这些绳结包括但不限于缠绕止滑结、渔夫结、扣绳结、双股结和牢固结等，要求学生们能够掌握这些绳结的编织方法和应用场景。学生们在实施过程中需要运用跨学科领域的知识，包括体育、劳技和数学，来设计和编织绳结。例如，学生们需要了解绳结的力学原理，以便在编织过程中保证绳结的牢固性。此外，学生们还需要了解一些数学概念，例如几何学，以便利用绳来进行距离长短的测量和物体大小的计算。

在实施过程中，学生们可能会遇到各种困难。例如，绳结不牢固、绳结编织技巧不熟练，甚至无法解决现实问题的情况可能会出现。老师会根据遇到的情况给予指导和调整，帮助分析问题，并鼓励学生继续测试绳结的实用性。例如，老师可能会要求学生重新编织绳结，或者提供一些技巧来帮助学生提高编织的技巧水平。此外，老师还会组织学生进行小组讨论，分享彼此的经验和技巧，以便更好地解决问题。

通过实践设计和应用实用绳结，学生们将深入了解绳结的原理和应用，掌握绳结编织和应用的技能。这个项目化学习将为学生们的未来学习和生活都带来很大的帮助。

（3）子问题3：如何检验作品质量？

第一步：检验绳结实用性的原理和遇到的困难

在项目开始阶段，小组成员首先需要确定他们设计的绳结是否能够在现实生活中起到特定作用。这个过程通常需要进行多次试验，并根据实际情况进行不断地调整和改进。其中，让两根绳子牢固地系在一起是本项目的一个重要目标。为了实现这个目标，小组成员需要掌握一些相关知识。例如，他们需要学会如何选择正确的绳子类型，以及如何使用适当的绑法将它们牢固地系在一起。

图 6-12　小组检验绳结的实用性

在实践中，小组成员可能会遇到各种困难。例如，他们可能会发现选择的绳子类型过于松散或者过于硬，导致无法牢固地系在一起。此外，他们还可能会发现自己没有掌握正确的绑法，也就无法实现预期的效果。这些问题需要通过不断的尝试和调整来解决。

第二步：老师的指导和学生的思考

在本项目中，老师扮演了重要的角色，他们需要指导学生进行正确的思考和实践。老师通常会引导学生思考如何选取合适的材料、如何进行绑法以及如何测试绳结的牢固程度等问题。

比如在解决，连接绳头两端来让绳索更长更结实的问题时，教师可以参与讨论，当双单结用于连接两根粗细相同的绳索时，容易出现滑动和松弛的问题，因为双单结是一种基于摩擦力的结，如果两个绳索之间的摩擦不足，那么结会失去牢固性。因此，使用平结来连接两条粗细相同的绳索更加可靠，因为平结可以提供更大的表面摩擦力来保持连接稳定。在使用平结时，要确保两个绳索的拉力均等，否则结可能会解开。平结的其他应用包括将多个平结编成手链、项链、门帘等装饰品，因为平结可以很容易地重复并形成美观的模式。

在实践中，学生需要积极思考并运用已有的知识进行创新。他们需要不断地调整方法，尝试不同的方案，并总结出最有效的做法。通过这个过程，学生可以更好地掌握相关知识，同时也能够提高他们的创造力和解决问题的能力。

第三步：小组评价和项目设计步骤

在完成实际操作后，小组需要对本次项目进行评价。他们需要考虑绳结的实用性、操作的难易程度以及所学知识的应用程度等因素，并给出自己的意见和建议。同时，项目设计步骤也是本次活动的重要部分。小组需要总结出自己的设计流程，并记录下每一个步骤。这样可以帮助他们更好地把握整个过程，同时也能够为以后的类似活动提供参考。

图 6-13　教师指导

2. 成果修订与完善

在学生们进行绳结设计和实践的过程中，教师需要发挥一定的指导作用。教师可以引导学生们进行讨论，帮助他们理解绳结的原理和应用，并指导他们掌握编织技巧。此外，在实践过程中，教师还需要及时给予学生们反馈和指导，帮助他们克服困难，提高实用绳结的实用性和可靠性。

在设计实用绳结之前，小组成员需要进行实验猜想。例如，缠绕止滑结可以在投掷救助落入水中的战友时发挥作用，可以防止绳索松脱，帮助战友顺利获救。在确定实验猜想之后，小组成员需要进行详细的讨论和研究，以便设计出最优秀的绳结方案。

在确定实验猜想之后，小组成员需要进行实验设计。在设计过程中，小组成员需要考虑多种因素，例如缠绕止滑结的结构、外观、牢固性、易于解开等。为了保证实验的可靠性和有效性，小组成员需要进行多次试验，不断改进和调整绳结的设计，以便达到最优秀的效果。

在完成实验设计之后，小组成员需要进行实验验证。在验证过程中，小组成员可以使用缠绕止滑结进行投掷救助演练，在实践中检查绳结的实用性、操作的难易程度以及所学知识的应用程度等因素，并给出自己的意见和建议。通过实验验证，小组成员可以更好地掌握相关知识和技能，同时也能够提高他们的创造力和解决问题的能力。

（三）第三阶段：E（评价赋值）

1. 项目成果展示

在项目结束后，各项目小组展示了自己设计的绳结在野外生存中的实用价值。例如，缠绕止滑结可以用来营救队友、固定物体等，而扣绳结可以用来系住背包、制作捕兽圈等。在展示过程中，小组成员向观众演示了绳结的具体应用，并介绍了绳结的结构和原理。

此外，为了测试绳结的实用性，我们还设置了"生存挑战"环节。在这个环节中，各小组需要在最短时间内利用绳结完成 3 项生存挑战，包括建立简易避难所、制作建简易捕猎器和搭建简易桥梁。在比赛中，获得最快完成时间的小组获得了荒野达人奖。

最后，我们还评选出了最佳创意奖。在评选中，各小组展示了自己设计的绳结，并介绍了绳结的应用场景和优势。同学们根据绳结的实用性、创意程度以及外观等方面进行投票，最终产生了最佳创意奖的获奖小组。

通过项目化学习，学生们不仅掌握了绳结的结构和原理，还学会了如何将绳结应用于实际生活中。同时，他们也提高了自己的创造力

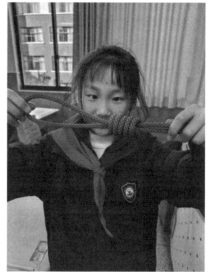

图 6-14　学生展示设计成果

和解决问题的能力，为未来的学习和生活打下了坚实的基础。

2. **出项评价**

在这个项目化学习的过程中，学生们不仅学到了实用绳结的设计和应用，还在实践中掌握了如何解决问题的方法和思路。通过自己的尝试和调整，他们体验到了成功和失败的过程，提高了自己的自信心和解决问题的能力。

而这个过程中，教师的作用也是至关重要的。教师需要为学生搭建实践舞台，引导学生思考和实践，及时给予反馈和指导，帮助学生克服困难，提高实用绳结的实用性和可靠性。通过这个过程，学生能够更好地理解课堂知识的应用价值，同时也能够提高自己的创造力和解决问题的能力。

最后，为了更好地评价项目结果，小组成员需要完成一个项目评价量表。他们需要考虑绳结的实用性、操作的难易程度以及所学知识的应用程度等因素，并给出自己的意见和建议。通过这个过程，学生们能够更好地总结和反思自己的学习过程，同时也能够提出自己的改进建议，为以后的类似活动提供参考。

4.评价量表:

评价要素	主要指标	评价标准			达成情况
		☆	☆☆	☆☆☆	
实用性	使用场景	绳结无法解决生活中的问题，不适用于该场景。	绳结基本能解决问题，比较适合该场景。	绳结非常适用。	★★
创意性	绳结设计	绳结设计普通，不够新颖或美观，不能引起人的兴趣。	绳结设计较为新颖或美观，能引起人的兴趣。	绳结设计非常新颖或美观，可以吸引大多数人的兴趣。	★★
工艺性	绳结难度	制作难度过低或过高，不需要或需要过多专业技能。	制作难度适中，需要一定的技能水平。	制作难度非常适中，即使无经验的人也能轻松制作。	★★★
安全性	使用安全	绳结使用时是否安全，是否存在危险。等级一：使用绳结存在严重的安全隐患。	使用绳结存在一定的安全隐患。	使用绳结非常安全，不存在安全隐患。	★★
便携性	使用便携	使用绳结极不方便，难以携带。	使用绳结基本方便，可以携带。	使用绳结非常方便，易于携带。	★★★

(注：达到评价标准的，可以在"达成情况"一栏中填入相应量星星数)

图 6-15　"绳奇力量" 项目化学习活动小组评价表

通过这个项目化学习，学生们不仅掌握了实用绳结的设计和应用，还学会了如何将课堂知识应用于实际生活中。同时，他们也提高了自己的创造力和解决问题的能力，为未来的学习和生活打下了坚实的基础。

六、项目反思

（一）经验总结

这次项目化学习为学生们提供了一次全新的学习体验，通过实践掌握了实用绳结的设计和应用，并学会了如何将课堂知识应用于实际生活中。在学生们的实践中，我们总结出以下三点经验：

1. **设置驱动性问题，引发跨界学习行为**

通过设置实用绳结的设计和应用问题，我们激发了学生们的学习兴趣，同时也引导了他们进行跨界学习。在设计过程中，学生们需要考虑多种因素，并通过不断的试验和调整，最终达到最优秀的效果。这种跨界学习行为不仅使学生们掌握了实用绳结的设计和应用，还培养了他们的创造力和解决问题的能力。

2. **设计多维度学习实践，发展学生问题解决能力**

在这个项目化学习中，我们设计了多维度的学习实践，包括实验猜想、实验设计和实验验证等。通过这些实践，学生们不仅掌握了绳结的结构和原理，还学会了如何将绳结应用于实际生活中。同时，他们也提高了自己的创造力和解决问题的能力，为未来的学习和生活打下了坚实的基础。

3. **运用表现性评价，培养心智自由的终身学习者**

在这个项目化学习中，我们运用表现性评价的方法，即通过实践展示和生存挑战等方式，评价学生们的学习效果。这种评价方法不仅能够激发学生们的学习兴趣，还能够培养他们的心智自由和终身学习的能力。通过这种评价方法，学生们能够更好地总结和反思自己的学习过程，并提出自己的改进建议，为以后的类似活动提供参考。

通过这次项目化学习，学生们不仅掌握了实用绳结的设计和应用，还学会了如何将课堂知识应用于实际生活中。同时，他们也提高了自己的创造力和解决问题的能力，为未来的学习和生活打下了坚实的基础。

（二）问题改进

"体育与健康" PIE 课程兼容了多学科的知识，以动手实践贯穿全课程，关注小组协作能力、关注即时评价量表的激励作用。在实践中，我们发现，在跨学科项目化学习中，很多人容易把多个学科机械地叠加在一起，难以找到核心概念之间的内在联系。其次，从跨学科核心概念到具体知识点逻辑体系的统整上感觉有些力不从心。这些问题需要我们在今后的教学实践中持续关注和改进。

未来，我希望能够进一步加强跨学科项目化学习的实践应用，为学生们提供更为优质的学习体验。我将继续探索如何将不同学科的知识有机地结合起来，培养学生们的综合能力和创新能力。我相信，通过不断的探索和实践，我们能够为学生们打造出更加丰富、有趣、实用的学习体验，为他们的未来发展奠定坚实的基础。

第七章　成效与展望

一、"PIE 课程"的实践成效

"PIE 课程"对于学校、教师、学生来说都是一种新的课程样态，它需要被教育群体了解与运用，通过教学的实践内化为自觉的教学与学习行为。"PIE 课程"的实践是一场持久战，学校进行顶层设计，并坚定不移地持续推进与完善。需要更多的教师"卷入"其中，不能仅停留于浅尝辄止的模仿学习，而要将教学新样态与日常教学相结合，成为一名多面手教师。需要学生适应教学新样态，有意识地关注自己发现问题和解决问题的能力，成为学习中的实践者和生活中的有心人。

（一）提升学校课程实施力

随着"双新"的推进，教育工作者的知识观和教学观正在转型之中。在激发学生学习活力、转变教师教学方式的课程变革中，项目化课程的介入是提供一条可选择的有效路径，尤其是跨学科项目化课程的推进，它注重发展学生在真实情境中的问题解决能力，注重学生合作协调能力的养成，注重课堂主体换位的有效调整，也注重营造师生在教学过程中的获得感和成就感。在一定程度上改变了传统课堂教学中缺乏知识与知识之间的关联、缺乏与社会生活、新闻热点等之间关注的不足。在当下"双新"和"双减"政策陆续出台的背景下，项目化课程是应运而生的教学新样态。这无不对学校在课程实施上的能力提出要求。

一方面，跨学科视野下的"PIE 课程"覆盖到了小学阶段的全学科和全学段，它能够调动起全体教师的集体参与。另一方面，无论是在课程体系的顶层设计，还是动员教师参与课程开发，以及从理论探讨向实践转化，势必会遇到各种各样的难题。这既推动了理论上的进一步释疑，也推动了实践中的持续跟进。

因此，学校跨学科视野下"PIE 课程"的开发与实施，在一定程度上激发了学校办学活力，深化学校课程建设的内涵，推进课程高质量发展的同时，也在无形中实现课程推进力的转型。

（二）提高教师课程胜任力

接触、实践并改进项目化教学，许多教师经历了从排斥到接受、从迟疑到认同、从不会到会、从被动执行到主动改进的过程。实践项目化课程中，如何上好项目化课程变成了教师自动生成的内驱力，整个过程打破了教学既有模式，让教师蹚入深水区，教师需要补充和重构自身的知识结构，重新认识教师的身份和角色，重建对于教学目的和培养目标的理解和实践。

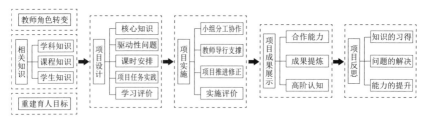

图 7-1　教师（胜任力）转型

他们作为学生项目的导师，要给学生提供合适的学习支架与学力资源。他们也要将权力下放到课堂，允许在推进过程中，学生会偏离预设方案的可能。项目化的尝试会让教师善于反思、勤于改进，也让他们从单学科静态保守型教师转型为多学科动态发展型教师，这也是教师胜任力转型的变革方式之一。

开发教师的教学技能与提升教师的学科兼容性。"PIE 课程"的开发与实践赋予教师较大的选择权，改变教师既定教学思维，由"做老师"转化为"做导师"。课堂是一个开放和平等的课程，教师不再是课堂的主体授课者，而是课堂推进的导行者，通过小组人员的协调、学习支架的提供、评价标准的前置等方法来帮助学生预设项目推进的过程和方向。课程中，允许学生间的协作共进，允许学生在解决问题中出现犯错，允许学生多样化展示项目化的出项成果等等。"PIE 课程"的开发有助于教师的技能发展和跨学科知识的深度融合，也给教师在加快新课标改革步伐指明方向。

（三）增强学生课程适应力

《项目化学习三年行动计划》的主旨是推进义务教育学与教方式的变革和培养学生创造性解决问题的能力。它指向真实问题的解决、跨学科知识的融合运用和同伴互助间的协作共进。特别是大班额的背景下，项目化以小组形式推进实践，赋予小组成员与组长更多课堂的主动权。在新的学习样态中，学生要适应开放的教学模式，也享受到双重指导。学生通过教师提供的学习支架与学习资源，合作寻找问题的解决方案。过程中，既有老师的扶持，也有同伴的共研，更有自己在课堂中的主体参研。每一个学生都可以成为课堂的主体和小组的主要成员。根据课堂参与的范畴，学生都有不同维度的成长，如合作协作能力和团队意识的培养，是未来社会的发展趋势，善于发现问题与解决问题的能力，也是对于人才评定的基本素养之一。提供机会与发展培训能够在跨学科中生成优秀学生，建立他们的学习自信，他们中有一部分不一定是平时基础型学科的优等生，但可以在社会与情感能力方面表现优异。对于分组推进中的引领者也需要强调合作精神，发展他们的领袖能力，培养他的同理心、竞争精神与合作能力。

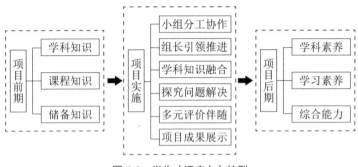

图 7-2　学生（适应力）转型

PIE 课程能够培养学生正确的价值观、必备品格与关键能力，注重综合学科素养和实践能力的培养。"PIE 课程"的推广让学生感受到上课的"甜意"与"欣喜"，真正成为课堂的主人。小组间的合作探究能够缩小学生间的差异，将竞争性学习变为协作学习，让他们发挥各自的特点；课堂中的多元评价机制能够增强学生主动学习的自信心；问题研究方式的多样性能够提升学生上课的愉悦度；出项成果的收获更让学生体会到研究学习带来的成就感。

二、"PIE 课程"的实践反思

在开展"PIE 课程"过程中，执教教师也存在不少困惑，比如说原本耗时较少的学科知识，转由学生自己去探究需要花费较长甚至很长的时间，那教学的有效性体现在哪里？原本教室中同桌两人合作的格局被改换到多人小组合作制，对于分散管理与指导的有效性体现在哪里？存在于"PIE 课程"过程中的各种形成性评价和综合性评价是否真的有效？课程前期驱动性问题的真实选择和后期项目化成果的生成是否存在必然联系？

在"PIE 课程"推行以来，我们有不少感悟和反思。每一轮"PIE 课程"的授课，执教教师都有新的课程迭代，针对上一轮中的教学疑惑加以新的教学修改。通过交流，我们也发现教师心态发生微调，她们能更优雅地等待学生的出项成果。学生心态也不断良性发展，小组合作式的学习增加了同伴间知识的共享与友谊的互助。课程中，学生试错的过程会帮助学生增加社会与生活的真实体验，为激发他们参与创造性问题的解决提供了新的可能与动力。

蒙特梭利说过："我看过，我忘记了；我听过，我记住了；我做过，我理解了。"学习是一种有目的地获取知识或理解失误的思维过程。传统以教师讲授式的教学模式，只是帮助学生识记了大量零散的琐碎学科知识，但在迁移转用这些课堂知识的时候，难以发生学生主体去灵活运用的现象。教师常常鼓励学生将知识"学以致用"，项目化课程推进的目的是"以用促学"，大幅度增加学生实践体验先行、学习素养并进的学习方式。

（一）关于"PIE 课程"中跨学科如何设计的反思：是跨学科还是多学科

项目化课程根据学科整合程度划分为三类：多学科、跨学科和超学科。这三种学科整合形态有一个显而易见的共同点——都涉及两门及以上学科。超学科因关注的问题较为博大精深且有一定的难度，在小学里基本不会出现。"PIE 课程"是跨学科，它更加强调以系统、整合的思维解决问题，而不像多学科那样强调不同的学科思维解决问题。因此，通过前期实践，发现教师在跨学科和多学科的运用拿捏上还有一定的误区。

当下上海基础型课程基本都是单一的独立性学科，学科间都有较为清晰的边界和学科目标。分科教学使得教学更为精细与缜密，但仅限于本学科。新课改提到要将课程 10% 用于跨学科教学，这对专职于一门学科的教师是一种挑战。教师初期摸索的时候会出现对于跨学科教学毫无章法，难以融入的问题。

为尝试学科间的融合，培养教师有跨学科教学的意识，我们鼓励教师在课程推进中扩大知识的范围，除了本学科的知识以外融入其他一门或以上的学科，并通过知识间的聚力攻关某个教学问题。但在推进过程中，我们发现教师在学科知识的推进与使用中没有将这些跨学科的知识融合，使得这些不同学科的知识成了并行在课程中的平行线。这样的课程不是跨学科课程，而变味成多学科课程。

在"PIE 课程"五大主题内容推进中，教师们会容易犯多学科的误区。教师们知道要突破单学科的单一教学，但在其他学科融入进来时没有很好地针对驱动性问题进行学科知识、方法等方面的整合，要用不同的学科思维与知识整合地解决问题。比如《探秘广富林》跨学科课程，广富林遗址是松江的乡土资源，广富林文化的发现增补了上海古文化文明的组成系列，对于上海移民城市的研究具有重要的历史价值，2006 年被考古界命名为"广富林文化"。教师设计的驱动性问题是：如何以景区地图形式绘制广富林景区内不同朝代的文化景点？它跨越学科有语文、历史、美术、信息技术。但在推进过程中，教师会不经意间上成语文课，先由教师进行概述，然后根据教师讲解的内容进行绘制地图。同学们通过教师的介绍深切地了解了广富林的文化，但仅仅停留在接受式学习，课堂还是以教师主导传授为主，并没有实现通过不同学科知识推动新知识的学习的目的，原先预设的其他学科没有与语文课交织在一起成为跨学科。"探秘广富林"跨学科课程应该由学生为学习的主体，教师通过知识的传授与学习支架的提供，从历史视角出发，向学生介绍这一经典的历史脉络、重要事件和存在意义，让学生认识到景区存在的价值，从而认同绘制地图这一任务。随后，帮助学生在信息技术学习方式的探索中获取所需要的资料，搜集各类地图的重点和特征，学会分析地形地势，在同伴互助共进的形式中共同探寻与绘制特质的景区地图。过程中，在学生寻找知识卡顿时候，教师可以用导师的身份支招，以提供关键信息的方式扶持学生找到相关知识与完成地图的绘制。进而将语文、信息技术、美术、历史等学科交织融合运用在一起，聚力攻关完成课程的驱动性问题。

"PIE 课程"帮助教师在实施项目的过程中，打破学科边界壁垒，借助不同学科的学习内容重组整合，将不同学科的知识技能进行有意义的关联，使学生通过真实问题的探究与解决获得整体的理解。

（二）关于"PIE 课程"课程实施如何推进的反思：一科为主还是多科并进

在划分"PIE 课程"时，学校将相对接近的学科进行了归类，就有了"PIE 课程"的五大领域：数字与生活、科学与技术、身体与健康、艺术与人文、自然与生物，纵观现有基础型学科都能归类于其中。如果在课程推进过程中，这些跨越的学科轮番上阵，不利于核心问题的解决。教师容易在跨学科间游走，课程间来回穿插与切换。这样的课程定位不利于学生的知识掌握。"PIE 课程"是一种教学模式的新尝试，开放的课堂组织，贴近生活真实的驱动性问题，多种形式的评价以及出项成果的展现等，都让学生感受尝鲜的感受。跨学科间的来回游走容易让学生分神，也不利于主体课程的教学聚焦。

例如"现代皮影戏——我是小小动画制作人"课程，它整合语文、美术、音乐学科，学生通过对于皮影戏非遗传统文化的学习后，要设计现代皮影戏的剧本，制作出各种人物角色并演出这个剧本。8课时课程的重点在于如何利用皮影戏这个主题将所有学科串联在一起，不是均衡地去分配这些课时到各个跨学科中，而是以美术学科为主，在皮影戏角色的制作中融入时代特征、人物背景与演出内容，最后选择合适的音乐配合完成演出。一切的学科学习都辅助现代皮影戏剧情的制作与演出，突出一科为主，多科并进的合作式教学。

项目课程推进前需要梳理解决问题的知识点以及与潜在其他学科关联点之间的关系。在基于课程标准的基础上，对关联起来的不同学科核心知识点进行梳理，形成不同学科的知识图谱。在图谱中，围绕一门主要学科知识为支架去寻找不同学科知识与它之间的内在结合点。将涉及的学科并联在课程链上，用梳理出来的知识去解决叠加的问题链，相互间有知识的输出实践与回流融合。

（三）关于"PIE 课程"跨学科能力评价的反思：聚焦学科知识还是跨学科能力

跨学科能力是指一个项目涉及不同学科的核心能力。实践中有些项目实际上并不涉及具体的学科知识，但从课程标准来看，这些项目涉及不同学科的具体能力，或者比学科知识更上位的核心素养。跨学科中需体现高阶知识裹挟低阶知识的本质特征，但有些跨学科项目它不涉及具体的学科知识，而是更借助学生的学科能力。因此，除了在关注跨学科课程中知识的融合，还需要关注跨学科高位能力素养也应带动低位能力素养。

例如"忙趁东风放纸鸢"项目，在推进过程中教师从偏重于跨学科知识的指导学习慢慢转化为关注跨学科能力的提升。课程第一轮的驱动性问题是：如何制作一个能放飞的风筝？如果围绕这个驱动性问题，解决的就是关于制作风筝的手工劳技课，不需要其他跨学科的介入，它的能力还局限于劳动技术的动手制作能力。教师在课程迭代第二轮时将驱动性问题改为：如何设计一个富有地域特色并能放飞的风筝？它需要有劳技、自然、美术和信息技术等学科知识的支持。通过信息技术的资源探寻，学生获取了关于风筝的源起与当下的文化资讯；通过美术学科绘制地域特色的风筝外形（用蒙纸）；通过劳动技术与自然学科用长竹条加蒙纸完成一个带有地域特色并能放飞的风筝。课程第二轮迭代，教师更关注跨学科能力的交融与提升。因为带有地域特色，比如有北京风筝、潍坊风筝、天津风筝、南通风筝等，所以风筝的外表形状是不一样的，这对于风筝的绘画与制作提出更高的能力要求，既要绘制的蒙纸与长竹条能完美匹配上，还要体现地域特色，而且能在空中放飞。这项项目重点关注的是学生绘画能力和动手能力，同时拓宽了学生的知识面，激发他们制作个性化风筝的兴趣。

有些项目虽然不涉及具体的学科知识，但是从课程标准来看，这些项目涉及不同学科的具体能力，或者比学科知识更上位的学科核心素养，也对教师在课程目标的预设以及自我跨学科能力的示范引领提出了更高的技能与素养要求。

跨学科知识与学科能力是指一个项目涉及某一学科知识，同时又涉及另一学科能力。实践中有些项目问题的解决需要基于某一学科的核心知识，同时又需要借助另一学科的核心能力。

知识与能力的构建首先意味着关联，学科知识与能力的关联不能停留在同学科中，而是要跨越学科并跨界发生不同学科知识与能力的关联与碰撞，生成新的研究成果。知识与能力构建不仅是发生在课上，更是贯穿于教师创设学习任务、提供资源和支架，支持学生发展的过程。知识与能力第一个误区是将知识与能力构建理解成按照教材新授知识，前面加上驱动性问题，后面加上项目成果，中间还是原来的教授模式，新授知识与项目实施时两条线，教师负责新授知识，项目留着让学生用课余时间去做。第二个误区是知识与能力的提升仅仅停留在同一个学科，入项问题和出项成果就仅反映围绕一门学科研究的成果，忽视了跨学科间的知识与能力间的融合。

例如"绳奇的力量"项目，它聚焦在绳子的使用上。教师第一轮的入项情境是如何用仅存的一捆绳索和小刀开展荒岛求生，那么它涉及的学科知识与学科能力是以劳动技术课程为主。学生通过荒岛场景的切换去学习多样的绳索打结功能，但在跨学科知识与能力上还是同一学科。第二轮课程迭代后，教师修改入项情境为如何用身边的一捆绳子来改变生活。教师从绳子的文化，绳子的编织，绳子的功能、绳子的艺术四个方面交替推进课程，跨越学科有劳动技术、美术、体育、数学。四门学科的知识与能力穿插交替在其中，学生了解了关于绳结的起源与文化，并能利用绳子来改变生活。比如说用绳子编织成为中国结来布置房间，学会用绳子打结法让自己的运动鞋更显潮流，家庭晾衣绳的设计，利用绳结的杠杆原理减轻拖拉重物的负重感等。

经过课程迭代的不断实践与反思，教师对于跨学科知识的反思、跨学科能力的反思、跨学科知识与学科能力的反思会刺激与改良课程的设置。由一个驱动性问题与入项情境的改变，或"以终为始"出项成果的逆推，都能让跨学科具有真实性、可操作性与可赋评性。

三、"PIE 课程"的感悟展望

在教育行动中，最关键的是学习方式和教学模式是否符合学生的需求。上海经历了一期课改和二期课改，2022 年国家出台新一轮课程标准，各学科教材都处于更替中。纵观近几年，教师的教育观念比之前大有改变，师资队伍的专业水平也逐年趋好，但是学生发现问题、解决问题的能力，尤其是身边真实问题的解决能力并没有获得教师额外的关注。学校课程与学生的真实世界并没有联结那么紧密，学校很少有综合的课程和提供实践运用的机会，这让学生学习和生活成了两条线。

项目化学习借鉴教育发达强国的实践课程经验，关注学生真实体验实践与问题解决的能力，同时也激发学生热情而有创意地生活。学生不应该是学科知识的复制者，而是要明晰丰富学习知识的意义，做知识的实践运用者。

项目化学习设计指向学习素养和学科核心素养。在中国学生发展核心素养总框架中关于"全面发展的人"主题下共分为"文化基础、自主发展、社会参与"三个板块。"文化基础"板块是教育的立命之本，在校园的学科教学中做得最扎实的，文化基础的教学成效也是家长与社会最关注的。"自主发展与社会参与"这两个板块占比三分之二，但这两种能力可能短期内无法见效，因此在校内课程的支持程度与家长与社会的关注力度稍显不足。如何关注"自主发展与社会参与"的能力培养呢？PIE 课程提供了较为广泛的实践类课程。

"PIE 课程"五大领域涵盖全部文化基础类课程，它谋求"文化基础、自主发展、社会参与"三者的相融合作，尤其后面两大主题的课程实践。在跨学科实践教学中，它注重生活与职业技能、学习与创新技能、信息、媒体与技术三大技能的培养。关注学生的能力自信与价值体验，关注高阶学生的表现性评价，帮助学生形成可持续学习的自主发展态势。"PIE 课程"的实践让学生校内的生活也不仅限于文化基础的学习，它其中的许多课程来源于生活与社会，真实的问题和真切的情境，增加学生的自主发展意愿和社会体验感受，让学生拥有一颗"社会心"和一双"世界眼"。

在项目化学习第一轮三年行动计划里，学校采用点面结合的形式推进项目化课程进校园。面向全体教师采用全员专题培训模式，面向项目化小组采用答疑解惑模式，面向课题组成员采用针对性解析模式。结合学校实际与学科特色，构建"PIE 课程"整体框架，鼓励一部分教师先行先试，成为五大主题领域的种子教师。展望下一轮三年行动计划，为增大、增深、增广项目化课程在学校内的推进度与提升教师对跨学科研究综合能力，学校将从"PIE 课程"全员性、"PIE 课程"多样性和"PIE 课程"常态性、"PIE 课程"保障性四方面入手。

（一）增强"PIE 课程"参与的全员性

不是所有的学科知识都适合"PIE 课程"，它也有显性内容和隐性内容。还需要全员参加项目化相关课程的学习吗？需要！

两年间，学校组织若干次项目化课程参与体验与专题培训，一部分教师率先已参与到"PIE 课程"的研发与实践中。经过两轮实践的迭代改良，学校建立五大跨主题领域的"PIE 课程"，每个领域结合一至五年级的相关学科主题，选取代表性的内容构建 PIE 课程。多轮教学实践后，根据项目化课程特点和评价指标共有 22 门课程已被录用为"PIE 课程"的校级课程。

通过"PIE 课程"的参与实践，拓宽教学形式，改变教师局限于本学科的单科教学思维，融入更多的学科知识实践与碰撞，鼓励学生解决身边发现的问题，通过表现性评价来建立学生能力自信、学科自信。同时也挑战教师群体的知识储备、实践能力与课堂变革能力。如英语学科中学习活动主要有三大功能"知识理解、实践运用和迁移创新"，其中"迁移创新"板块是新增内容，也是课程中最难呈现的部分。"PIE 课程"的推进可结合"迁移创新"板块的学习活动，通过问题、情境、成果、评价等几个具有跨学科项目特征的设计来帮助学生推进学科知识的迁移与创新。

新课标中提出各学科拿出 10% 用于跨学科教学，这与"PIE 课程"的发展方向是一致的。"PIE 课程"依托项目化课程的理论支撑与案例佐证的方式，引领教师如何形成跨学科教学的意识与养成跨学科教学的行为。因此，面向全员的"PIE 课程"具有推进的必要性。

（二）提升"PIE 课程"内容多样性

实施项目化课程的目的在于推进义务教育学与教方式的变革和培养学生创造性解决问题的能力。它被期望于破解"重分轻德、重知识记诵轻合作探究"的困境;被期望于还学生一个开放合作可主动参与实践的课堂;被期望于提升教师学科突破的钻研能力。

"PIE 课程"对教师与学生提出较高的学科素养要求和实践能力要求。经过课程的摸索实践,一部分教师已经尝试如何"学会做一个项目"。这些教师经历了从排斥到接受、从质疑到认同、从不愿到尝试的过程,蹚过这个深水区之后,教师发现收获的除了出项成果和自身能力提升之外,还有可贵的师生关系和生生关系。

"PIE 课程"定义为跨学科项目化学习,通过教学实践后,学校发现有一定的局限性。是否可以增加学科项目化和活动项目化两大类项目化课型? 让"PIE 课程"成为覆盖项目化全部类型的课程群。学科项目化是基于课程标准来设计与学科核心知识相关的驱动性问题,引导学生在学科学习中自主或合作探索,激励学生深度理解学科核心知识、提升学科能力、培养学科素养。这一类项目化可以面向所有教师,同时基于本学科的项目化设计降低难度,让教师有参与项目化的方向与底气。活动项目化可以存在于学校的综合实践活动、劳动教育、主题教育、德育活动等各类活动中,它融入了项目化学习的要素,引导学生观察生活、提出问题,培育学生创造性思考、灵活解决问题的能力。活动类项目化给学校很大的发展空间,也让各类活动更有深度与广度。

根据学校南侧有一隅茶园的种植优势,学校构思开发"如何让西湖龙井植根于泗泾校园中"的活动项目化课程群的学习研究。围绕这个大主题课程,可以分设若干个子主题课程,例如"松鼠茶园之土壤酸碱性探究""松鼠茶园之花期护育的研究""松鼠茶园之茶叶采摘的研究""松鼠茶园之茶叶制作的研究"等课程。通过项目化课程的科学研究,帮助学生回归到对于自然的关注与生活常识的积累,同时也增加学生的劳动体验与经历。学校也可以借力这个活动类项目化课程,把它变成校级统领下的劳动实践课程。

展望下一轮"PIE 课程"开发，覆盖全部项目化课型"PIE 课程"，丰富课程的多样性，降低项目化的准入门槛，让更多的教师参与其中，也惠及学校的主题活动。

（三）保持"PIE 课程"实施的常态性

"双新"背景下的教学变革注重坚持素养导向、强化学科实践、推进综合学习、落实因材施教。"双减"背景下的教育目的就是减轻学生的学业负担与学习压力，让孩子有更多的时间参与到课外活动中。这些教育改革大动作，发出的信号就是要提升学生的核心素养。项目化学习是一个非常好的教学载体。

展望新一轮项目化学习的实践规划，在"PIE 课程"全员性和多样性之外，还需关注课程的常态性，让它既能植根课堂，也能随遇而安。

相比较第一轮的课程推进，"PIE 课程"的授课时长与课程形式安排将会较为灵活，可以设计成为长、短型课程，也可以存在于单课中，甚至存在于一个大片段中。有过"PIE 课程"实施经验的教师会以问题设计为导向，结合情境设置与导师助行的方式，帮助学生合作式探究问题的解决。"PIE 课程"可以结合大单元、大概念，单元脉络式推进课程。"PIE 课程"也可以设计成活动类课型，取题于各类主题活动与学科活动。学校鼓励教师在课程中渗入项目化元素特征。

在新一轮项目化推进中，为增加同伴间的互助研讨共进，学校每学期可以开展"PIE 课程"阶段性项目成果展示，帮助教师梳理课程内容与项目成果，并激发学生的荣誉感与自我价值感的存在。学校每学年将教师的案例集收编为案例资源库，完善"PIE 课程"框架内容。鼓励教师深入研究并继续开发课程，保持对于课程研究的热情与课程内容的研究深度。学校也可争取每一轮里进行区级以上的项目化课程（课题）展示，梳理与分享阶段性的收获。

"PIE 课程"的全面铺开，让更多的教师参与到课程中，知晓项目化的上课模式与了解项目化课程的用意。通过"PIE 课程"的影响力，让教师把项目化学习的理念带入到日常的教育教学中。增加学生对解决问题意识与能力的培养，也让教育多一份对于学生主动参与问题研究的过程等待。受到项目化元素撬动的课程会让学生对学习充满好奇与期待，也让教师可持续专业成长，学校生活也变得更有意义和价值。

（四）完善"PIE 课程"保障的系统性

经过了第一轮项目化三年行动计划之后，项目化课程以从一个概念渐渐走入到校园中，但要让它植根于课堂，除了提升教师的专题培训之外，还需要有课时、场地、经费、师资等保障。学科类的项目化课程可以安排在本学科的课时内，不需要另外安排课时。但是其他类型的项目化课程该如何安排？

保障授课时间：可利用快乐活动日课程或班级课后服务的时段，确保每周一至两课时的时间。保障授课场地：可以在教室内以走班形式推进课程，也可以在仁爱小镇的专用教室内定点开展授课，便于过程性成果的积累与展示。保障授课经费：项目化课程是一个新兴的教学模式，为确保参与教师的利益与鼓励他们的积极性，学校增加阶段性项目成果展示奖励以及每学期参与教师资源库建设的绩效奖励。保障材料经费：每学期按需购买相关学科与项目化的书籍与上课硬件设备和辅助材料。保障师资队伍：成立关于项目化的课题组，确保科研先行引领；成立项目化工作室，确保骨干教师带教指导引领；成立项目化校级课程教师群，确保他们成为课程推进的中流砥柱；外聘专家与学者，不断调整与修正项目化相关课程推进的发展方向。

以校长为核心的"PIE 课程"管理与实施团队，在第一轮项目化三年行动计划中，从学生视角与需求出发，结合学科特色设计真实、富有挑战性的问题，引导学生开展生生合作模式、教师指导模式，通过寻求问题的解决来形成相关项目成果。PIE 课程除了改变教师的教学模式以外，还改变了学生的学习方式，激发了他们对跨学科项目化学习的兴趣，他们对于这类课程充满了好奇与期待，他们在课程学习中获得了成功，从而提升了自信心。虽前后遭遇了两学期疫情的干扰，稍作停留后，学校继续迎风而上推进课程。展望下一轮三年计划，学校将继续完善一至五年级的校级"PIE 课程"内容；丰富"PIE 课程"课型，争取覆盖全部项目化学习类型，让更多的教师走进项目化课程的机会；渗透育人理念，过程中能融入协作意识、公民道德、家国情怀等正向情感引导，促进学与教方式变革和教师专业成长，激发学校办学活力。

参考文献

［1］夏雪梅.指向创造性问题解决的项目化学习：一个中国建构的框架［J］.教育发展研究 2021（6），59—67.

［2］夏雪梅.项目化学习的实施：学习素养视角下的中国建构［M］.北京：教育科学出版社 .2018.

［3］夏雪梅.项目化学习设计：学习素养视角下的国际与本土实践［M］.北京：教育科学出版社 .2018.

［4］夏雪梅.从设计教学法到项目化学习：百年变迁重蹈覆辙还是涅槃重生？［J］.中国教学学刊 .2019（4）.

［5］夏雪梅.项目化学习的本土化：方向与挑战［J］.上海教育 .2019（8）.

［6］张悦颖，夏雪梅.跨学科的项目化学习：4+1 课程实践手册［M］.教育科学出版社，2021.

［7］夏雪梅.素养导向的项目化学习［N］.中国教师报，2019-07-03（6）.

［8］夏雪梅.在真实课堂中为何要促进高阶思维［N］.中国教育报，2014-04-08（7）.

［9］夏雪梅.用什么连接儿童学习的当下与未来［N］.人民政协报，2015-06-10（10）.

［10］崔允漷，夏雪梅.校本课程开发在中国［J］.北京大学教育评论，
　　　 2004（3）：30—34+52.

［11］林琳，李丽辉.校本课程开发、设计及实施策略［J］.吉林省教
　　　 育学院学报.2021，37（8）：120.

［12］张屹，李幸，黄静，张岩，付郦华，王珏，梅林.基于设计的跨
　　　 学科 STEM 教学对小学生跨学科学习态度的影响研究［J］.中国
　　　 电化教育，2018（7）：81—89.

［13］熊顺聪.项目化学习设计中知识的重新建构［J］.教育理论与实
　　　 践，2021，41（20）：57—60.

［14］王云.项目化学习的评价设计［J］.上海课程教学研究.2021
　　　 （4）：59—65.

［15］王宁.项目化学习：基于核心素养的语文课堂转型［J］.语文教
　　　 学通讯.2018（11）：49—50.

［16］徐建干.小学数学项目化学习的课堂实践与应用策略研究.华夏
　　　 教师.2020（3）：70—71.

［17］赵晓宇.项目化学习在小学英语教学中的应用——以"My
　　　 School"教学为例.［J］.中小学电教.2020.

［18］夏雪梅、崔春华、吴宇玉，预见"新学习"上海市义务教育项
　　　 目化学习三年行动计划优秀案例集［M］.上海：华东师范大学
　　　 出版社.

［19］夏雪梅等，项目化学习工具：66 个工具的实践手册［M］.北京：
　　　 教育科学出版社.

［20］陈琦，刘儒德.当代教育心理学（第 3 版）［M］.北京：北京师
　　　 范大学出版社，2019：135—136.

［21］刘定一，系统课程：无人区中的跨学科课程［J］.跨学科课程
　　　 研究，2003（3）：23.

后　记

PIE 课程，创造无限可能

当前的教育形势正在经历重大变化和挑战。随着全球化、数字化和智能化的快速发展，未来学生将需要具备更加综合的素质和更加创新的能力来应对不断变化的经济社会发展需求。学校跨学科视域下的"PIE 课程"就是在这样的背景下应运而生的。

"PIE 课程"的开发是学校教育创新的重要形式，试图通过构建具有现代背景、有实际应用价值的跨学科课程，更好地为学生提供全面有效的教育，更好地培养具有未来竞争力的新型人才。目前，我们完成了"PIE 课程"的学校顶层架构，通过几轮课程实践，形成了 22 门较为成熟的校级课程，并完成了"跨学科视域下 PIE 课程的开发与实施"课题研究。回首这三年多的实践历程，亦是别有一番体味。

长松卧壑困风霜，时来屹立扶明堂

学校开发跨学科课程是一项极具挑战性的任务。刚开始起步的时候，我们也遇到了重重困难。

首先，师资力量的挑战。开发"PIE"课程是一项综合性的计划，需要来自不同学科领域的教师共同参与。学校的教师都是根据学科专业能力招聘而来，注重本学科的教育水平与专业研究。但是"PIE 课程"的开发仍需要学校有足够的具备跨学科专业能力和实践经验的教师资源。其次，教师合作的挑战。跨学科项目化课程需要来自不同学科的教师组成团队开发和实施课程，这就要求可能来自不同学科和领域的老师们，投入更多的时间精力来进行"PIE 课程"相关的教研活动。第三，学生适应的挑战。在"PIE 课程"学习中，可能是学生第一次接触此类教学模式，需要花费更多的时间和精力适应这种教学模式和学习要求，对学生带来新的挑战。第四，指导和协调的挑战。在"PIE 课程"实施中，教师面临的学生来源于一个个完整的教学班，学生人数在 40—45 人，这对教师开展跨学科学习与指导带来了不小的挑战。

谁无暴风劲雨时，守得云开见月明

庆幸的是，即便困难重重，在"星火"项目化学习工作室的努力下，在全校教师的智慧碰撞中，我们一步一步摸索，寻找到适合学校的实践路径。

"准"。我们精准排摸学校教师的个人专长与兴趣，精准实施适合学校实际的培训模式。采用全员培训、分级推进、个体结果的方式，以个体与群体相结合的模式、以学科与学科相结合的模式、以培训和实践相结合的模式，鼓励一部分优秀教师脱颖而出，率先研磨出跨学科项目化课程，继而辐射带动更多的教师群体。

"顺"。在专业指导与实践研究下，学校教师越老越清晰"PIE 课程"的开发理念与实施方式。无论是选择跨学科学习主题，还是设计项目实施方案，老师们的探索之路越来越顺。充分发挥"一师多能"的效益，既丰富了"PIE 课程"的内容，增加创意性与趣味性，又能展现老师们的专长，打破学科壁垒，让拥有不同学科领域专长的老师在课程实践中发挥个人优势，实现个人教育理想。

"乐"。学校丰富的课程体系最受益的就是学生。学生在全新的学习模式与理念引领下，学得快乐，学有所获。"PIE"课程的实施，将不同学科领域的知识融通，加深学生对知识的认识和理解，提高学生知识的整合能力。不同的项目，让学生了解不同学科领域的重要性和相互关系，从而拓展了学生的视野，促进学生的创新能力、多元思维、综合素质和文化素养等各方面的提高，有助于培养学生成为具有复杂思维能力、应对未来挑战的人才。

路漫漫其修远兮，吾将上下而求索

跨学科课程建设是未来教育发展的一个重要方向。目前，学校的"PIE课程"开发与实施已取得阶段性的成绩，但学校的探索与教师的实践还在路上。

路漫漫其修远兮，吾将上下而求索。未来，我们将继续以"PIE课程"的研究为依托，不断深化课程实施，将课程纵深融合进学校的课程体系。继续搭建跨学科研究平台、开展师生研究项目等多种途径，不断完善"PIE课程"，深入实施跨学科教学理念和教育模式。学校也会密切关注跨学科教育的发展趋势和未来需求，不断推进跨学科教育各个方面的实践和创新，推动教育高质量发展。

图书在版编目（CIP）数据

跨学科视野下 PIE 课程的开发与实施研究 / 倪婕著 .—上海：
上海三联书店,2023.12
ISBN 978-7-5426-8373-1

Ⅰ.① 跨…　Ⅱ.① 倪…　Ⅲ.① 课程—教学研究—小学
Ⅳ.① G622.3

中国国家版本馆 CIP 数据核字（2023）第 245502 号

跨学科视野下 PIE 课程的开发与实施研究

著　　者 / 倪　婕

责任编辑 / 方　舟
装帧设计 / 一本好书
监　　制 / 姚　军
责任校对 / 王凌霄
校　　对 / 莲　子
特邀编辑 / 贾叶凤

出版发行 / 上海三联书店

（200030）中国上海市漕溪北路 331 号 A 座 6 楼
邮　　箱 / sdxsanlian@sina.com
邮购电话 / 021-22895540
印　　刷 / 上海颛辉印刷厂有限公司

版　　次 / 2023 年 12 月第 1 版
印　　次 / 2023 年 12 月第 1 次印刷
开　　本 / 640mm × 960mm　1/16
字　　数 / 220 千字
印　　张 / 15.75
书　　号 / ISBN 978-7-5426-8373-1/G · 1706
定　　价 / 78.00 元

敬启读者,如发现本书有印装质量问题,请与印刷厂联系 021-56152633